Mary-Kate and Ashley Sweet 16

ROUTE ET DÉROUTE

Mary-Kate and Ashley
Sweet 16

Route et déroute

Eliza Willard

Adaptation d'après le film « Route et déroute »
de Michael Swerdlick

Traduit de l'américain
par Anne-Laure Malaval
Adapté par Marie-Suzel Inzé

POCKET
jeunesse

Titre original :
Getting There

Publié pour la première fois en 2002
par Harper Entertainment, États-Unis.

Loi n° 49 956 du 16 juillet 1949 sur les publications
destinées à la jeunesse : janvier 2005.

ISBN 2-266-14756-0

Prologue

— C'est bon, s'écria Kylie Hunter. Le permis, c'est dans la poche !

Elle roulait sur l'autoroute dans sa Ford Mustang décapotable toute neuve.

— Le vent, le soleil et une décapotable ! reprit-elle. C'est vraiment génial, non ?

— Arrête, ronchonna Taylor Hunter. On se croirait dans une pub pour des chewing-gums ! À propos, quand est-ce que tu me laisses conduire ?

— Bientôt !

Taylor s'enfonça dans son siège en boudant. Kylie s'arrangeait toujours pour prendre le volant !

Les deux sœurs avaient fêté leurs seize ans six mois plus tôt et, à cette occasion, leurs parents leur avaient offert une voiture. Maintenant, elles pouvaient aller où elles voulaient, quand elles voulaient !

Leurs copines Jenn et Lyndi, qui avaient toutes deux dix-sept ans, étaient assises à l'arrière de la voiture.

— Henry Ford est vraiment le plus fort, dit Jenn en caressant la voiture.

Lyndi sursauta.

— Henry Ford ? Ah oui ! C'est un gamin de quatrième, non ?

Taylor se retourna atterrée.

— Lyndi ! Henry Ford est le fondateur de la Ford Motor Company. Tu devrais revoir tes cours d'histoire américaine, tu ne crois pas ?

— Ah oui ! Mais il a été aussi le président des États-Unis, c'est ça ?

— C'était Gerald Ford, pas Henry ! corrigea Kylie.

Elle soupira. Décidément, Lyndi était à côté de la plaque.

— Il y a beaucoup trop de Ford, à mon avis, continua Lyndi. Quoi qu'il en soit, vous pensez que ce M. Ford serait vexé si l'on remontait la capote de la voiture ? Mon brushing ne peut pas tenir avec ce vent !

— C'est hors de question ! trancha Kylie.

Taylor jeta un coup d'œil sur la carte.

— Maintenant, tu prends la départementale 115. Ensuite, nous n'aurons plus que neuf cents kilomètres avant d'arriver à Salt Lake City pour les jeux Olympiques d'hiver !

— Neuf cents kilomètres ! s'exclama Lyndi. Je peux dire adieu à mon brushing !

Le portable de Taylor sonna. Elle regarda son téléphone.

— Ce sont les garçons ! lança-t-elle. Salut, Sam !

Les copains des filles, Sam, Danny et Toast, faisaient aussi le voyage pour Salt Lake City. Ils roulaient dans une vieille Cadillac de collection qui appartenait au père de Toast. La petite bande avait prévu de se retrouver une semaine pour faire du ski, du snow-board et assister aux épreuves des JO.

— Comment ça va, les filles ? demanda Sam.

— Ça va, répondit Taylor. Lyndi vient de nous démontrer qu'elle avait sérieusement besoin de revoir ses cours d'histoire. À part ça tout va bien.

— Nous, on va s'arrêter pour manger un truc.

Taylor regarda sa montre, un peu surprise.

— Mais vous n'avez pas déjà mangé il y a trois quarts d'heure ?

— Taylor, tu oublies qu'on voyage avec notre ami Toast !

Taylor éclata de rire. Toast était un type très sympa mais aussi un véritable ventre sur pattes !

— *Vous voulez nous rejoindre ? poursuivit Sam.*

— *Pas question ! Voilà six mois qu'on prépare ce voyage, on ne va pas s'arrêter à peine parties.*

Mary-Kate

J'appuyai sur le bouton « Stop » du magnétoscope. L'image se figea.

— Alors, qu'est-ce que vous en pensez ?

— J'adore ! s'extasia Lauren. C'est tellement génial de vous voir dans un film, les filles !

Ashley et moi étions installées sur le canapé du sous-sol avec Lauren et Brittany, nos amies. Une copie vidéo de notre film *Route et déroute* était arrivée le matin et Ashley avait tout de suite téléphoné à Brittany et Lauren.

— Ça roule pour vous, cette année, les filles ! s'étonna Lauren. D'abord votre super-soirée d'anniversaire, ensuite le festival de musique et pour finir le tournage de ce film !

— C'est vrai ! dis-je. Ces derniers mois ont été fabuleux !

En effet, en juin, nos parents nous avaient organisé la plus belle des soirées d'anniversaire et ce, dans une magnifique maison qui surplombait l'océan. Ce soir-là, ils nous avaient offert une Mustang décapotable ! Par-dessus le marché, Papa s'était arrangé pour nous trouver du travail dans le plus gros festival de musique de l'été. À la fin du festival, nous avions rencontré un producteur de films qui nous avait engagées pour le tournage de *Route et déroute*.

— Et cette fille, Lyndi, s'enquit Brittany, elle est aussi niaise dans la vie que dans son rôle ?

— Dans la vie, répliqua Ashley, Lyndi s'appelle Delia. Et c'est une grosse tête !

— Les mecs sont d'enfer ! Comment s'appelle celui qui a les cheveux blonds ? Sam, c'est ça ? Il est trop top !

Ashley me jeta un regard furtif.

— Moui... C'est ce que j'ai cru aussi... au début en tout cas.

— Est-ce que certains des personnages vont sortir ensemble ? s'informa Lauren.

J'éclatai de rire.

— Va voir le film et tu le sauras ! Le scénario est plein de rebondissements, mais cela n'est rien à côté de ce qui s'est passé pendant le tournage...

Ashley

— Bravo, excellente répétition, les enfants ! s'exclama Don Maneri, le réalisateur de *Route et déroute*. On fait une pause pour le déjeuner et on se retrouve ici à deux heures précises.

— Ashley, tu as été très bonne, me dit Buddy Jones. Tu es douée pour la comédie !

Et il se jeta sur un muffin.

— Merci, tu étais très bien aussi, très naturel.

Buddy jouait le rôle de Toast dans le film. Il avait vraiment le physique de l'emploi. Grand, maigre, avec de grands yeux marron de jeune chiot et des cheveux châtains. Il était plutôt mignon, mais un peu négligé... Ses cheveux étaient toujours en bataille et, comme Toast, son estomac était un puits sans fond.

— On déjeune ensemble ? proposa Buddy.

J'allais répondre quand j'ai croisé le regard de Noah Atkins. Noah jouait le rôle de Sam et il était absolument sublime. Il avait un look de surfer, bronzé et blond comme les blés. Mary-Kate avait de la chance, elle avait été choisie pour jouer Kylie Hunter. Kylie avait une petite aventure avec Sam et il y avait une scène de baiser ! En clair, Mary-Kate allait devoir embrasser Noah ! Moi, je jouais Taylor, la sœur de Kylie.

Je tournai la tête. Mary-Kate discutait près de la porte avec Delia Bishop, celle qui tenait le rôle de Lyndi.

— Ashley, tu m'écoutes ? insista Buddy. Tu déjeunes avec moi ?

— Désolée, Buddy, mais ma sœur et moi on va se manger un sandwich vite fait dans notre chambre, on n'a pas encore défait nos bagages !

— O.K., on se voit à deux heures, alors !

1

Ashley

C'était notre premier jour sur le tournage de *Route et déroute*. Mary-Kate et moi avions juste eu le temps de déposer nos valises dans notre chambre puis nous avions foncé à la répétition. Là, nous avions fait la connaissance de toute l'équipe du film.

Mary-Kate me rattrapa alors que je me dirigeais vers l'hôtel.

— Tu savais que Delia rentrait à la fac de sciences à l'automne ? Elle veut devenir biochimiste !

— C'est drôle, dis-je en ouvrant la porte de notre chambre. Je n'aurais jamais cru que c'était une intello ! Elle est tellement parfaite dans le rôle de Lyndi la nunuche.

— Eh oui, c'est ça, être acteur !

Nous rentrâmes dans la chambre et ouvrîmes nos valises. Le tournage se déroulait assez près de chez nous, mais nous étions logées à l'hôtel avec tous les autres. Ensuite nous allions tous partir à Las Vegas et au village olympique dans l'Utah pour les scènes en extérieur.

Mary-Kate vida le contenu de sa valise sur son lit.

— C'est vraiment super de tourner ce film ! On a vraiment de la chance, tu ne trouves pas ? Ces rôles sont faits pour nous ! Deux sœurs qui viennent juste d'avoir seize ans, c'est impeccable, non ?

— Oui, et en plus, on va aller à Las Vegas !

— Et au village olympique ! On travaille mais c'est presque mieux que des vacances ! Au fait, comment trouves-tu les autres ?

Je transférai un monceau de T-shirts de ma valise dans un tiroir.

— Dans l'ensemble, ils ont l'air assez sympas. Tu penses quoi de Noah Atkins ?

— Le type qui joue Sam ? fit Mary-Kate. Il a l'air bien.

— Bien ? Tu n'as pas vu son sourire ? Ce type est tout simplement top !

— Bon, c'est vrai, il est très mignon. C'est le nouveau Brad Pitt ! Le problème, c'est qu'il le sait... Et, de toute façon, j'ai déjà un garçon en tête.

Mary-Kate pensait beaucoup à Jake, son petit copain. Elle l'avait très peu vu cet été et il lui manquait énormément.

— Il arrive quand, au fait ? demandai-je.

— Cet après-midi ! C'est super ! Il vient avec sa cousine de New York, Christina.

Je suspendis une de mes robes sur un cintre dans le placard.

— Je ne l'ai jamais entendu parler de cette cousine.

— Il ne l'a pas vue depuis des années, raconta Mary-Kate. Elle est venue s'installer chez lui en attendant que sa mère se rétablisse. Il paraît qu'elle est très drôle.

J'alignai toutes mes chaussures en bas du placard. J'avais fini.

J'ouvris alors le sandwich que j'avais pris à la cantine.

— Beurk, c'est au thon ! Tu viens avec moi à la cafétéria ?

Mary-Kate s'évertuait à trier ses vêtements étalés sur son lit.

— Non. Vas-y, toi, j'ai encore plein de trucs à faire. Je mangerai ton sandwich, j'aime le thon, moi !

— O.K., à plus tard !

Je dévalai les escaliers pour rejoindre le restaurant de l'hôtel. Quelques acteurs du film étaient là, avec des membres de l'équipe. Je repérai immédiatement Noah qui était assis près de Rachel Widmer et de Kip Cusack, Jenn et Danny dans le film. Il restait une place à leur table.

Noah me lança son sourire ravageur et me proposa de m'asseoir.

— Tu as une chaise à ton nom ici ! C'est quoi, ton nom, au fait ?

— Ashley !

— Je sais, c'était juste pour voir ta réaction !

J'éclatai de rire.

— Alors, qu'est-ce qu'on mange de bon, ici ?

— Les burgers sont d'enfer ! affirma Kip, qui était mince et sportif.

— C'est un peu trop calorique à mon goût, remarqua Rachel en avalant une gorgée de thé glacé.

— Ashley, suggéra Kip, prends un sandwich à la dinde, ils sont excellents. Tu veux goûter ?

— Je te fais confiance, répliquai-je.

Et je commandai un sandwich à la dinde.

— J'étais en train de raconter aux garçons le tournage d'une pub l'année dernière, expliqua Rachel. C'était pour du jus de raisin. Ils m'ont fait porter un horrible déguisement de grappe de raisin et m'ont badigeonné le visage en violet. Quand je me suis vue dans le miroir, je me suis demandé si j'étais bien celle qui avait suivi trois années de cours avec Stella Martin !

Rachel eut un rire bruyant et haut perché.

— Mais de quoi parle-t-elle ? chuchota Noah.

— Comment ? Vous n'avez jamais entendu parler de Stella Martin ! C'est *la* prof d'art dramatique de Hollywood !

— Désolé, Rachel, avoua Kip, je ne la connais pas !

Rachel se renfrogna et enchaîna :

— De toute façon, personne ne m'a reconnue dans cet accoutrement. Enfin, bref, les pubs, ça paye bien, mais c'est parfois très gênant. Tu n'es pas de mon avis, Ashley ?

— Je n'en sais rien, je n'en ai jamais tourné.

— Non, ce n'est pas vrai ! Noah, toi, tu as déjà tourné des pubs, non ?

Noah prit un air embarrassé et se passa une main dans les cheveux.

— Tourner des pubs ne m'intéresse pas, je veux devenir un vrai acteur.

— Je n'en doute pas... répliqua Rachel. On

veut tous devenir des stars, mais il faut bien commencer par quelque chose.

Les yeux de Noah étincelaient. « Il a tout pour être une star, pensai-je. Il est... fascinant ! »

— On verra bien, conclut Noah.

La serveuse apporta mon sandwich et Rachel se leva.

— Je dois réviser mon texte. Tu viens m'aider, Kip ?

— Bof ! lâcha Kip en s'enfonçant dans sa chaise.

— Si, vas-y, conseilla Noah. Tu as fini de manger. Moi je vais tenir compagnie à Ashley.

Je restai muette. Est-ce que par hasard Noah ne voulait pas se débarrasser de Kip pour rester seul avec moi ?

— O.K., j'y vais ! consentit Kip. Mais pas question de réviser, je vais faire une bonne sieste ! À plus tard !

Il emboîta le pas à Rachel et sortit de la cafétéria.

Noah repoussa son assiette et se mit à m'observer.

— Tu fais ça tellement bien...

— Je fais quoi ? questionnai-je.

— Tu manges. Tu mâches, tu avales.

Noah était tout sourire. Je posai mon sandwich. Ça n'était pas facile de manger devant quelqu'un qui vous scrutait avec autant d'insistance.

— Même quand tu poses ton sandwich, tu fais ça comme une reine !

Je le fixai. Est-ce qu'il parlait sérieusement ?

Il plongea son regard dans le mien. Ses yeux étaient d'un bleu si intense...

— Que crois-tu que nous soyons ? murmura-t-il.

— Comment cela ?

— Comment nous qualifierais-tu ?

J'étais complètement perdue. « Qualifier » ? De quoi pouvait-il bien parler ?

— Est-ce que tu dirais qu'on est... un couple ? continua-t-il.

Je sursautai. Noah allait un peu vite en besogne ! C'est vrai qu'il était mignon, mais là, quand même !

— Eh bien, oui, commençai-je, on sera peut-être un couple un jour... Mais tu ne penses pas qu'on devrait commencer par se donner rendez-vous et sortir ensemble avant ?

Noah se redressa d'un coup.

— Qu'est-ce qui te prend, Ashley ? Tu t'es complètement plantée !

2

Ashley

Je ne comprenais rien à ce qui se passait.

— Mais de quoi tu parles exactement, Noah ?

— Tu n'avais pas à parler de rendez-vous, tu devais répondre : « Nous sommes des amis, juste des amis, et c'est bien comme ça. »

Je levai les yeux au ciel.

— Je n'ai rien contre le fait d'être amis, mais tu parlais de devenir un couple ?

— Pas nous ! s'exclama Noah. Il s'agissait de Kylie et Sam. Tu ne connais donc pas ton texte par cœur ?

Je compris. Noah répétait une scène du film ! Mais lui aussi avait fait une erreur...

— Non ! Car je ne joue pas le rôle de Kylie ! Moi, je joue Taylor.

Noah se prit la tête à deux mains.

— Bien sûr ! Comment ai-je pu être aussi stupide ? C'est Mary-Kate qui joue Kylie, je le sais pourtant. J'ai pris mes désirs pour des réalités.

Il releva la tête et m'adressa un de ses regards bleu azur dont il avait le secret.

« Ou bien ce garçon est le pire des séducteurs, pensai-je, ou bien il s'intéresse vraiment à moi. »

Mary-Kate

— Mary-Kate, tu ne trouves pas que c'est vraiment génial, tout ça ? lança Ashley. Elle était en train de se faire maquiller.

— C'est vrai, c'est top ! répondis-je.

J'étais assise dans un fauteuil à côté d'elle et je me faisais coiffer.

— Choisir des vêtements, se faire maquiller... Je n'arrive pas à croire qu'on nous paye pour ça !

— Et dans quelques instants, reprit Ashley, nous serons sur le plateau pour tourner un film !

Tom le coiffeur enleva la serviette qui protégeait mes épaules.

— Ça y est, tu es fin prête. Maintenant fonce et épate-les tous !

Je souris et bondis hors du fauteuil.

— Merci, Tom !

— J'ai terminé ! dit le maquilleur à Ashley. Tu peux affronter les gros plans en toute tranquillité !

Ashley et moi rejoignîmes le plateau. Nous nous installâmes dans deux fauteuils pliants. C'était le tournage de la première scène et toute l'équipe technique était en effervescence.

Noah vint s'asseoir près d'Ashley.

— Hello, les filles, vous êtes d'enfer !

— Merci, murmura Ashley.

Noah tenait son texte à la main. Il soupira.

— Quand j'ai passé l'audition pour ce rôle, je ne savais pas que j'aurais autant de texte à apprendre. C'est un rôle important !

— Oui, approuva Ashley. C'est pareil pour nous !

— On se croirait à l'école ! D'habitude, quand il fait beau comme aujourd'hui, je prends mon surf et je passe la journée à la plage.

La lumière des spots faisait briller ses cheveux blonds.

« Ce type est un peu prétentieux », constatai-je intérieurement.

— Mais au fond, je peux bien sacrifier un été pour devenir une star, non ? ajouta Noah avec un petit sourire satisfait.

« Là, c'est carrément de la vanité », pensai-je.

— Nous, nous avons passé un été merveilleux, fit remarquer Ashley.

— C'est vrai ? demanda Noah. Qu'est-ce que vous avez fait ?

— Eh bien, d'abord, nous avons fêté nos seize ans. Nos parents nous ont offert une supersoirée et une magnifique décapotable. Ensuite, nous avons travaillé sur un festival de musique rock, c'était dément ! Mary-Kate a quasiment eu une aventure avec une rock star et...

— Don ! appela soudain Noah. Est-ce que je peux te parler une seconde ?

Il se leva d'un bond et courut vers le réalisateur.

Ashley et moi nous le regardâmes s'éloigner. Personnellement, je ne supportais pas la façon dont il avait coupé la parole à ma sœur.

— Quel nul !

— Il avait quelque chose d'important à dire à Don, supposa Ashley.

— Ne lui cherche pas d'excuses, je t'en prie !

Un cameraman s'approcha d'Ashley et lui demanda de le suivre. Il voulait régler la lumière de sa première scène. À ce moment précis, j'entendis une voix bien connue. Je me retournai. Jake !

Je me précipitai vers lui et lui sautai au cou.

— Salut ! murmura Jake en m'embrassant. Je suis tellement content de te voir...

— Moi aussi, si tu savais !

Je me reculai un peu pour mieux le contempler. Je n'avais pas revu Jake de tout l'été. Il était encore plus mignon que dans mes souvenirs !

— Je te présente ma cousine, Christina, annonça Jake en me désignant la fille diaphane à côté de lui.

Christina avait de magnifiques cheveux auburn, des traits fins et délicats. Elle portait une chemise paysanne sur un jean taille basse avec un gros ceinturon clouté.

— Christina Lawson, reprit Jake, voici Mary-Kate !

Christina m'adressa un grand sourire.

— Jake n'arrête pas de me parler de toi. Il t'adore !

Jake m'attira contre lui. Je frissonnai. C'était tellement bon d'être dans ses bras de nouveau.

Il observa le hangar.

— Alors, c'est là que vous tournez le film ?

— Oui, jusqu'à la semaine prochaine ! Après, nous partons pour Las Vegas et le village olympique.

— Quelle chance ! soupira Christina. Ça doit être super de tourner un film !

— Eh bien, je te dirai ça bientôt. On commence juste aujourd'hui !

— Tu seras parfaite, j'en suis certain, affirma Jake. D'abord tu fréquentes des stars de rock, après tu joues dans un film... Comment vais-je pouvoir être à la hauteur ?

— Tu as ton stage de basket bientôt, c'est pas mal, non ?

Jake éclata de rire.

— Oui, c'est très branché, le basket !

— Et moi, alors ! intervint Christina. Pendant que tu seras à ton stage, je vais passer mon temps avec mon oncle et ma tante et mes cousins de cinq et huit ans... Tu ne crois pas que c'est pire que le basket, ça ?

Je fixai Christina.

— Et pourquoi tu ne resterais pas avec nous sur le tournage ? Enfin... si tu en as envie !

— Tu plaisantes, j'adorerais !

— C'est une superidée, Mary-Kate ! s'écria Jake. Comme ça, vous pourrez faire connaissance. Je parie que vous allez devenir les meilleures amies du monde !

Jake me prit la main et y déposa un baiser. Il avait l'air vraiment content que je m'entende bien avec sa cousine.

Christina observa la robe à fleurs que je portais.

— C'est ta tenue pour la première scène ?

— Oui, c'est la styliste qui a choisi. Ce n'est pas exactement ce que j'aurais souhaité. Les tenues des autres filles sont vraiment mieux.

Christina étudia les vêtements des autres actrices puis se tourna vers moi.

— Tu as raison, tu as vraiment eu la plus moche !

Elle enleva sa ceinture cloutée et me la tendit.

— Peut-être qu'avec ça, ce serait mieux... Oui, c'est bien !

Je me précipitai vers un miroir. Effectivement, ça changeait tout ! Ma robe de mamie s'était transformée en tenue superbranchée !

— C'est très gentil, Christina, merci !

— Je t'en prie ! répliqua-t-elle en riant. Ma ceinture va faire de la figuration dans un film, c'est la gloire !

— Mary-Kate ! appela Don. Viens, on a besoin de toi !

Jake s'approcha de moi.

— Tu crois qu'on peut rester ici et regarder ?

— Bien sûr ! Mais interdit de se moquer de moi ! Je vous rappelle que c'est mon premier jour !

Je courus vers le plateau. Bientôt Don cria : « Moteur ! On tourne ! »

— En route pour la grande aventure ! s'enthousiasma Kylie en posant son sac dans le coffre de la Mustang. Taylor, Jenn et Lyndi l'imitèrent.

Les filles étaient prêtes pour rejoindre le village olympique. Elles préparaient ce voyage depuis six mois et l'heure du grand départ était enfin arrivée. M. Hunter filmait l'événement avec son Caméscope.

— Bon, reconnut-il, vous conduisez très bien toutes les deux. Je suis sûr que ça ira.

— Je continue de penser qu'on aurait dû prendre l'avion, ronchonna Taylor.

— Écoute, Taylor, fit Kylie, je sais que tu ne voulais pas faire la route mais je t'assure que ça va être sympa !

— Non, c'est là-bas que ça va être sympa ! Le hockey sur glace, le bobsleigh, le ski de descente...

— Sans parler de ton champion préféré, Alex Reisher, ajouta Lyndi. Je reconnais qu'il est craquant...

— Je l'admire parce que c'est un très grand champion, grogna Taylor. C'est tout !

Kylie lui jeta un regard en coin.

— Bon, d'accord, il est craquant aussi, reconnut-elle.

— Je confirme ! s'exclama Jenn.

Kylie sourit.

— Oui, les Jeux vont être super, et ce voyage va nous permettre de profiter de notre splendide décapotable.

Taylor se moquait des arguments de Kylie. Ce qu'elle voulait, c'était être sur place le plus vite possible !

— En avion, cela n'aurait pris que deux heures, reprit-elle. La balade en voiture nous en prendra au moins onze ! Je persiste à dire que c'est stupide.

Mme Hunter arriva près du groupe.

— Il paraît que vous serez logées dans le plus beau chalet de la station !

— Oui, compléta M. Hunter. Cheminée dans toutes les chambres, trottoirs chauffés et, avec ça, les meilleurs profs de ski du monde !

— Merci beaucoup ! s'écrièrent Kylie et Taylor en embrassant leurs parents.

— J'ai trois choses à vous demander, les filles, poursuivit M. Hunter. Un : soyez polies. Deux : soyez prudentes...

— Trois ? fit Kylie.

— Écoutez bien Mike et Alison.

Lyndi ouvrit des yeux ronds.

— Qui c'est qui sonne ?

Taylor haussa les épaules.

— Oh, Lyndi ! Mike et Alison sont des amis de mes parents. Ils ont une chambre juste en face de la nôtre !

— Oh, je vois... gémit Lyndi. Ils vont nous chaperonner !

Mme Hunter retint un sourire.

— N'oubliez pas que vous voyagez avec des jeunes hommes !

— Des jeunes, oui, mais des hommes, ça reste à prouver ! plaisanta Taylor.

Un klaxon se fit entendre.

— Tiens, quand on parle du loup... dit Lyndi. La Toast Mobile est en vue !

La Cadillac de collection de Toast remontait la rue à vive allure. Toast était au volant, Danny à ses côtés et Sam à l'arrière. Toast freina mais trop tard ! La voiture finit sur la pelouse.

— Désolé, M. Hunter, lança Toast en mastiquant son beignet.

Taylor jeta un coup d'œil dans la Cadillac. Toast avait une grosse boîte de beignets sur les genoux. À vue de nez, il avait déjà dû en dévorer une bonne douzaine.

— On y va, les filles ? Le dernier arrivé au restau de Barstow paye le déjeuner !

— Une seconde, les enfants... s'inquiéta M. Hunter. Vous ne faites pas la course, au moins ?

Danny prit son air de petit garçon modèle.

— Rassurez-vous, M. Hunter, c'était juste une façon de parler !

M. Hunter se renfrogna.

— Nous serons sages comme des images, promit Sam. N'est-ce pas, Kiki ?

Ce petit surnom mit Kylie mal à l'aise.

— Euh... oui... bien sûr, Sasa !

Taylor haussa les épaules. Sam était dingue de Kylie, c'était gros comme une maison. Mais ce n'était pas gagné pour lui...

— Bon, les filles, commenta Toast, on se retrouve à Barstow !

La Cadillac fit marche arrière et s'éloigna.

— Allez, en route ! dit M. Hunter. Vous avez toutes vos portables ?

Les quatre filles agitèrent leurs téléphones et M. et Mme Hunter embrassèrent leurs filles.

— Vous allez nous manquer... Amusez-vous bien !

Les deux sœurs se ruèrent à la place du conducteur. Kylie réussit à s'installer en premier.

— C'est toujours toi qui conduis, protesta Taylor. Cette fois, c'est mon tour !

— Je te laisserai prendre le volant, c'est promis !

Taylor s'assit en soupirant à la place du passager. La voiture était décapotée et Kylie, ivre de bonheur, s'exclama :

— Ah, quelle vie ! Faire la route en plein vent sous ce superbe ciel bleu, découvrir l'Amérique !

— S'il te plaît, ajouta Taylor, n'oublie pas le snow-board, le ski et les meilleurs athlètes du monde. Allez, roule !

Kylie s'engagea dans l'allée. Elle jeta un coup d'œil dans le rétro.

— Vous êtes prêtes, les filles ?

— Ouiii !

— Alors, c'est parti !

Kylie accéléra et gagna la rue en faisant un signe à ses parents. Cette fois ça y était, l'aventure commençait !

Une heure plus tard, la décapotable roulait sur l'autoroute. Kylie était aux anges, elle adorait conduire.

Elle regarda un instant à l'arrière. Lyndi essayait désespérément de protéger ses cheveux des assauts du vent.

— Je sais que vous vous en fichez, gémissait-elle, mais si ça continue, je vais ressembler à un épouvantail !

— Mais c'est déjà le cas, ma pauvre Lyndi ! plaisanta Jenn.

— En tout cas, j'espère que nous ne croiserons pas Danny avant que j'aie pu me recoiffer !

Kylie soupira. Décidément, Lyndi n'était pas une routarde.

— Mais enfin, s'enquit Taylor, qu'est-ce que tu lui trouves, à Danny ?

— Il est top !

— Ah ça, non ! Cette voiture, elle, est top. Car, contrairement à Danny, elle est fiable !

À ce moment-là, le téléphone de Kylie sonna. C'était justement Danny :

— Euh... Mauvaise nouvelle, les filles ! On a eu un petit accident...

— Un accident ! s'inquiéta Kylie. Vous n'êtes pas blessés au moins ? Qu'est-ce qui s'est passé ?

— Non, tout va bien, mais la Cadillac n'est pas brillante. On a roulé sur des trucs pointus en sortant du restau mexicain. Les quatre pneus sont à plat.

Kylie éclata de rire.

— Je me disais bien qu'il y avait une histoire de nourriture là-dedans. Tu sais que le père de Toast va vous réduire en miettes !

— Non, je pense qu'il va se contenter de réduire Toast en miettes ! Quoi qu'il en soit, on va faire remorquer la voiture jusqu'à la maison et on essaiera de prendre l'avion pour Salt Lake City demain matin ! Vous venez avec nous ou on se rejoint là-bas ?

— Attends une seconde !

Kylie expliqua brièvement la situation à ses amies.

— C'est ta dernière chance d'y aller en avion, Taylor ! termina-t-elle.

— Non, impossible ! fit Taylor. Les jeux Olympiques ne nous attendront pas ! J'ai déjà raté le hockey sur glace et le bobsleigh !

— Danny, conclut Kylie, on se retrouve là-bas !

Et elle raccrocha.

— Ces garçons sont vraiment des empotés ! s'énerva Jenn.

— Tu l'as dit ! approuva Kylie. Mais leur histoire de restaurant mexicain m'a donné faim !

— Moi aussi, j'ai faim ! s'écria Lyndi.

— Non ! protesta Taylor. Si nous devons dévorer quelque chose, ce sont les kilomètres ! On n'a pas de temps à perdre !

— Allez, Tay ! insista Kylie. Il y a un restau juste là, on peut s'arrêter...

Kylie se gara dans le parking du restaurant.

— Vous avez vingt minutes, ordonna Taylor. Pas une de plus !

— Vingt minutes ! marmonna Jenn. Tu exagères, ça nous laisse à peine le temps de prendre un truc au distributeur !

— Bon, ça va... Vingt-cinq minutes. C'est mon dernier mot !

— Allez, Taylor, détends-toi, suggéra Kylie. C'est sympa aussi, un peu d'imprévu !

Elles entrèrent enfin dans le restaurant. Pendant le repas Taylor ne quitta pas sa montre des yeux. Vingt-cinq minutes plus tard, la petite bande était de retour sur le parking.

— C'est fou comme on peut manger vite quand on a la pression ! constata Jenn.

Kylie cherchait la voiture des yeux.

— Dis-moi, Taylor, tu te souviens de l'endroit où nous avons garé la voiture ?

— Évidemment ! C'était juste...

Taylor désigna une place vide.

— ... là !

Kylie et ses amies parcoururent le parking dans tous les sens mais il fallut bientôt se rendre à l'évidence. La voiture avait disparu.

3

Mary-Kate

Ce mercredi après-midi-là, je flânais dans la costumerie.

— Essaye ça, Mary-Kate, dit Christina. C'est une des chemises que tu dois porter à Las Vegas. J'ai rajouté du strass pour lui donner un peu de glamour ! Qu'est-ce que tu en penses ?

J'observai la chemise. Avec le strass, elle sortait vraiment de l'ordinaire.

— C'est très réussi, lançai-je en enlevant mon costume. Je me démaquille et je l'essaie !

— Tu peux l'emporter dans ta chambre, tu l'essayeras là-bas.

Christina s'était fait engager comme assistante par Amy Burke, la styliste du film. En effet quelques jours avaient suffi à Amy pour apprécier le talent de Christina en matière de costumes.

Les parents de Jake venaient d'accepter que leur nièce reste dormir sur les lieux du tournage. Ashley allait donc emménager dans la chambre de Rachel pour que Christina s'installe avec moi. J'étais ravie ! Avoir Christina près de moi, c'était un peu comme avoir Jake...

Je partis me démaquiller pendant que Christina mettait de côté quelques vêtements. En entrant dans la loge, j'entendis Noah qui parlait avec Tom, le coiffeur.

— Je veux que ça fasse naturel, insistait Noah en se passant la main dans les cheveux.

Il s'interrompit en me voyant.

— Tiens, salut, Mary-Kate !

— Salut, les garçons !

J'attrapai un pot de crème et commençai à me démaquiller. Tom continuait d'examiner les cheveux de Noah.

— J'adore ce look de surfer que tu t'es fait, Noah ! Mais fais attention, les mèches, à la longue, ça abîme les cheveux !

Je regardai Noah. Des mèches ? Mais il avait dit à tout le monde que ses cheveux blonds venaient des journées passées à surfer en été !

Noah se mit à rougir.

— Tom, voyons, qui t'a dit que j'avais fait des mèches ?

— Mais toi ! répliqua Tom.

— Tu rigoles ou quoi ?

Noah m'adressa un petit sourire embarrassé. J'essayai de ne pas exploser de rire. Noah se la jouait champion de surf ! J'étais prête à parier qu'il n'avait jamais mis les pieds sur une planche.

Tom soupira.

— Bon, visiblement, je ne suis pas dans mon assiette. Je m'en vais ! À plus tard, les enfants !

— J'y vais aussi, bafouilla Noah. À bientôt, Mary-Kate !

À peine Noah était-il parti que j'éclatai de rire. Si seulement Ashley avait assisté à cette scène, elle n'aurait plus vu Noah du même œil !

— Tu es certaine que ça ne dérange pas Ashley ? demanda Christina en entrant dans ma chambre d'hôtel. Je ne veux pas qu'elle pense que je la chasse !

— Ne t'inquiète pas ! C'est elle qui l'a proposé. C'est plutôt Rachel qui doit faire un peu la tête. Elle espérait avoir une chambre particulière...

Christina se mit à rire.

— Rachel ne serait pas un peu snob, des fois ?

— C'est vrai qu'elle est un peu prétentieuse, mais c'est une bonne actrice et elle a beaucoup d'expérience.

Christina défit ses valises puis nous sortîmes. Toutes les chambres donnaient sur un couloir en plein air qui surplombait la piscine.

Christina s'appuya à la balustrade pour profiter des derniers rayons du soleil et moi je me mis à observer les gens dans la piscine.

— Tiens, Ashley est là !

Ashley était assise dans un transat et discutait avec Noah. Je lui fis signe, mais elle ne me vit pas.

Christina baissa la tête.

— Elle est avec Noah... Qu'est-ce que tu penses de ce type ?

Je regardai Noah. Il était allongé dans un transat. Les rayons du soleil faisaient miroiter ses lunettes de soleil et briller ses cheveux blonds. Je repensai à ses mèches et j'éclatai de rire.

— Il est mignon !

— C'est sûr ! Comment il fait pour avoir d'aussi beaux cheveux ?

— Il se fait des mèches ! répliquai-je.

— Ça, ça ne m'étonne pas ! s'écria Christina. Je ne lui ai parlé qu'une seule fois mais ça m'a suffi pour comprendre qu'il était superficiel !

Je retins un sourire. Rien n'échappait à Christina.

— Ta sœur l'aime bien, non ? reprit Christina.

— J'ai l'impression, oui.

— Je n'arrive pas à comprendre, dit-elle. Il lui fait du cinéma, ça crève les yeux !

— Accordons à Ashley le bénéfice du doute... Après tout, elle le connaît mieux que nous !

— Salut, les filles ! lança une voix.

Buddy sortait à son tour de sa chambre. Son T-shirt était à l'envers et son jean était couvert de miettes. Il tenait à la main un énorme paquet de chips.

— Salut, Buddy ! répondis-je. Tu ne connais pas ma copine Christina ?

— Je n'ai pas cet honneur... Je me demandais qui était cette mystérieuse inconnue !

— Christina vient de New York.

Buddy prit un air de tueur fou et se frotta les mains.

— Une cervelle toute fraîche ! Parfait ! Mary-Kate, tu as fait du bon travail !

— Qu'est-ce que tu entends par là ? s'inquiéta Christina.

Buddy se tourna vers moi.

— Comment, Mary-Kate, tu ne lui as rien dit ?

Je haussai les épaules. Je ne savais pas trop où il voulait en venir.

— Christina... commença Buddy. Sais-tu ce qui différencie les Californiens des gens de la côte Est ? Eh bien je vais te le dire. Le cerveau ! Ici, le soleil nous détraque les neurones ! Ouiii ! Il me faut... un cerveau tout neuf...

Et Buddy fit mine de scalper Christina.

Christina poussa un petit cri et recula, pliée de rire.

Buddy abandonna alors son personnage de psychopathe et se remit à dévorer des chips.

— Je ne plaisante pas, Christina, tu devrais faire attention ! Si j'étais toi, je ne dormirais que d'un œil. Vous voulez des chips ?

— Mary-Kate, rétorqua Christina entre deux gloussements, pourquoi ne m'as-tu pas prévenue de ce terrible danger ?

— Parce que moi aussi je suis intéressée par ton cerveau ! plaisantai-je.

Buddy regarda vers la piscine.

— Ce n'est pas Ashley qui cause avec Noah, là-bas ?

— Si, lâchai-je.

Buddy resta un moment silencieux.

— Quelqu'un a faim ? s'écria-t-il brusquement. J'ai un grille-pain dans ma chambre, je peux vous faire des nachos si vous voulez.

— Non, merci. C'est bientôt l'heure de dîner.

— Comme vous voulez ! Si vous changez d'avis, vous savez où me trouver.

Quelques minutes plus tard, une odeur de fromage fondu se répandit dans le couloir.

— Buddy est vraiment marrant, constata Christina.

— Oui, c'est un chic type, admis-je, et je crois qu'il craque pour Ashley.

— J'en ai bien l'impression. C'est dommage qu'Ashley ne s'intéresse pas à lui !

— Que veux-tu ? Buddy n'est pas aussi soigné que d'autres... Mais si on passe par-dessus ça, c'est un type drôle, sympa et très mignon.

Christina leva les yeux au ciel.

— Que veux-tu... Certaines personnes ne voient que les apparences !

Buddy arriva avec une assiette de nachos fumants. Son T-shirt était maintenant à l'endroit mais il sortait à moitié de son pantalon.

— Oui, murmurai-je, c'est vraiment un mec bien mais quelqu'un devrait s'occuper de son look...

Ashley

— Ma mère veut absolument que j'aille en fac, me confia Noah. Mais pour quoi faire, franchement, Ashley ?

Nous dînions au restaurant de l'hôtel avec tous les acteurs du film.

— Moi, je me réjouis d'aller en fac, ripostai-je.

— Oui, ce sera sûrement bien pour toi. Mais moi, je veux devenir acteur. Les études, c'est une perte de temps !

Je regardai Mary-Kate. À l'autre bout de la table, elle chuchotait avec Christina et riait sans arrêt. Qu'est-ce qui pouvait bien les faire rire autant ?

— Mes parents affirment qu'il faut que j'assure mon avenir au cas où je ne réussirais pas dans le cinéma, continua Noah. Mais de toute façon, je joue très bien de la guitare. Au pire, je deviendrai une rock star.

— Je suis sûre que l'université peut t'apporter plein de choses qui t'aideront à mieux jouer. Étudier les classiques, par exemple !

Je tournai la tête. Christina et Mary-Kate continuaient de ricaner. Peut-être qu'elles se moquaient de moi ? Mais, après tout, je me fichais bien de savoir pourquoi elles riaient autant. J'étais avec Noah et il me parlait de ses projets d'avenir.

En face de moi, Buddy s'empiffrait de pommes de terre.

— Il faut que je garde un peu de place pour le dessert, décréta-t-il. Le gâteau à la banane est mortel, ici !

— Alors, il faut absolument que je le goûte, répondis-je en riant.

Buddy était exactement comme Toast dans le film, un vrai goinfre. Pour lui, ça n'était vraiment pas un rôle de composition !

Après le dîner, Noah me prit à part.

— Tu viens faire un tour ? Je voudrais te parler de quelque chose.

— Avec plaisir !

Je jubilai. Faire un tour avec Noah, seule à seul ! Je n'en espérais pas tant !

Nous nous dirigeâmes vers la piscine.

— J'ai pensé à quelque chose à propos du scénario, commença Noah. Mon personnage, Sam, craque pour Kylie, n'est-ce pas ?

J'acquiesçai sobrement de la tête. En réalité, j'étais folle de joie. C'était tellement génial, nous étions deux comédiens sur un tournage et nous discutions du scénario.

— Mais Kylie repousse Sam, continua Noah. Elle ne l'aime pas, donc, j'ai pensé que ton personnage, Taylor, pouvait secrètement être amoureux de Sam. D'ailleurs, si tu lis entre les lignes, c'est dans le script.

— Tu crois ? Je n'avais pas fait attention. Je demanderai au réalisateur.

— Je pense que tu devrais jouer Taylor comme si elle était amoureuse de Sam. Comme ça, Sam ne serait pas aussi nul à la fin du film. Sam est un mec bien, non ? Ce serait logique qu'au moins une des filles tombe amoureuse de lui, tu ne crois pas ?

— Je te promets d'y réfléchir.

Noah me décocha son plus merveilleux sourire.

« Jouer comme si j'étais amoureuse de lui, pensai-je. Je ne vais pas me forcer beaucoup... »

4

Mary-Kate

— Mary-Kate, martela Christina, je t'assure que tu aurais été morte de rire. C'était trop drôle !

Allongée sur son lit, Christina me racontait une conversation qu'elle avait surprise entre Kip et Rachel. Le dîner était terminé depuis longtemps et nous continuions à bavarder.

— Elle a dit : « Écoute-moi, Kip ! Tu dois ar-ti-cu-ler. » Et Kip a répondu : « Laisse tomber, Rachel, il n'est pas question que je prenne une intonation d'aristocrate coincée comme toi ! »

J'étais pliée de rire. Christina imitait parfaitement le débit nonchalant de Kip.

— Kip a raison, reprit Christina. Elle est vraiment trop snob !

— C'est vrai mais elle n'est pas méchante.

Je me levai et allai brosser mes cheveux.

— Je crois que je ne vais pas tarder à me coucher. Tu peux lire un peu si tu veux, la lumière ne me dérange pas.

Christina se leva d'un bond.

— Quoi ! Il est à peine dix heures, tu ne vas pas déjà te coucher ! Si on sortait ?

— Écoute, je dois être au maquillage à six heures demain matin et j'ai encore mon texte à apprendre...

— Allez, quoi ! Tu n'as qu'une scène à jouer, ça n'est pas si difficile ! Tu pourras apprendre ton texte au maquillage.

— De toute façon, bafouillai-je, nous n'avons pas le droit de quitter l'hôtel après dix heures. Nous n'avons pas dix-huit ans...

— Eh ben ! soupira Christina. Même chez les parents de Jake, j'ai le droit de sortir après dix heures. Tu veux m'expliquer l'intérêt d'être seules ici, si l'on ne peut pas faire ce que l'on veut ?

Je m'assis sur mon lit.

— Je suis ici pour travailler et je ne veux pas m'attirer d'ennuis !

— Personne ne le saura ! J'ai entendu parler d'une boîte supersympa pas loin d'ici. On pourrait aller danser ! Allez, Mary-Kate, je t'en prie !

— Je suis désolée, Christina, j'aurais adoré, mais vraiment, c'est impossible.

— Allons ! Ton adorable petite Mustang n'attend que nous pour aller faire la fête !

Je me mordis les lèvres. C'était tentant, mais ce n'était pas une bonne idée.

— Je regrette, vraiment. On pourra peut-être sortir une autre fois, si l'on demande la permission avant...

— Fais comme tu voudras ! termina Christina. Avec ou sans toi, moi je vais danser !

Et elle enfila une petite robe courte.

— Tu vas prendre un taxi ? m'inquiétai-je.

— Un taxi, tu rigoles ! C'est beaucoup trop cher. Je vais faire du stop.

Christina se dirigea vers la porte. Je réfléchis une dernière fois. Je ne pouvais pas la laisser faire du stop. Et si quelque chose lui arrivait ? Après tout, c'était la cousine de Jake et j'étais un peu responsable d'elle.

— Attends !

Christina s'arrêta.

— Je viens... concédai-je en prenant les clés de la voiture.

— Génial !

Elle ouvrit son placard et me tendit un petit haut à paillettes.

— Enfile ça et on pourra y aller !

— On ne restera pas longtemps, d'accord ?

Arrivée dans le parking, j'hésitai.

— On ne peut pas démarrer ici. Ashley va reconnaître le bruit de la voiture, c'est sûr !

— C'est vrai, admit Christina. Alors tu conduis et moi je pousse !

Je m'installai au volant et desserrai le frein à main. Christina poussa la voiture jusque dans la rue et alors seulement je mis le contact.

— C'est parti ! s'écria Christina en sautant sur le siège avant.

Le moteur vrombissait et je retrouvais le plaisir de conduire. Après deux ou trois kilomètres, Christina me désigna une enseigne qui clignotait. SMASH !

Je ralentis et m'engageai sur le parking. Il était plein à craquer.

— Interdit aux plus de vingt et un ans, annonça Christina. Dis donc, il y a du monde pour un mercredi soir !

Nous nous dirigeâmes vers l'entrée. Là, un imposant portier nous fit rentrer. Dans la discothèque, il faisait très sombre. La musique hurlait et la piste de danse était bondée.

Christina s'élança.

— Viens danser, Mary-Kate !

À ce moment le DJ passa une chanson que j'adorais quand j'avais sept ans. Je bondis sur place.

— Ce DJ est génial !

Christina dansait très bien et les danseurs formèrent un cercle autour d'elle pour lui laisser de la place.

— Oui, j'adore ! répondit-elle. Tiens, regarde, essaie ça !

Elle me montra un pas de danse que je ne connaissais pas.

— Un pas... tu tapes dans tes mains, un pas... tu tournes !

Je l'observai un moment puis répétai ses mouvements. Un pas... tu tapes dans tes mains, un pas... tu tournes ! Une fille commença à nous imiter, puis très vite tout un petit groupe s'essaya au pas de danse de Christina.

— J'adore ! hurlai-je.

Le DJ nous adressa une petite phrase d'encouragement et tout le monde applaudit. Il mit un vieux tube disco et la rangée de danseurs grossit encore.

— C'était la chanson préférée de ma mère quand elle était au lycée ! avoua Christina.

— C'était celle de ma mère aussi !

Au bout d'un moment, la musique devint

plus calme et la longue ligne de danseurs se dispersa. Nous étions à bout de souffle.

— Je boirais bien un verre d'eau, proposa Christina. Pas toi ?

— Excellente idée !

Nous fonçâmes vers le bar.

— Vous avez mis une ambiance d'enfer, ici ! fit quelqu'un.

Je me retournai. Deux garçons se tenaient derrière nous. Ils devaient avoir dix-huit ou dix-neuf ans. L'un était grand et mince, avec des cheveux blonds et raides. L'autre était plus petit mais très mignon avec ses boucles blondes.

— Où avez-vous appris à danser comme ça ? demanda ce dernier.

Je désignai Christina qui buvait son verre d'eau.

— C'est elle qui m'a montré !

— J'habite New York, expliqua Christina. Je vais très souvent danser, la plupart du temps dans les soirées du lycée.

Le garçon le plus mignon éclata de rire.

— Je m'appelle James, reprit-il. Et lui, c'est Nick !

Nous nous présentâmes à notre tour.

— On retourne danser ? proposa Nick.

— Avec plaisir ! s'exclama Christina.

Et elle lui prit la main. James et moi les suivîmes sur la piste. Nous dansâmes un bon moment. Nick était un superdanseur et James se débrouillait très bien aussi.

— Je te trouve très mignonne, murmura-t-il après quelque temps.

— Merci !

Je voyais bien que James me draguait. Je ne voulais pas être désagréable avec lui mais je n'avais pas envie de me laisser faire. Si seulement Jake avait été là !

James me prit par les épaules.

— Tu viens ? Je t'offre un Coca !

Nick et Christina nous rejoignirent au bar. La piste de danse commençait à se vider.

— Ça vous dirait, les filles, d'aller faire un tour ailleurs ? suggéra Nick. On a entendu parler d'une autre soirée !

Le visage de Christina s'illumina.

— Pourquoi pas ?

À ce moment-là, j'aperçus l'heure sur la montre de James.

— C'est pas vrai ! Il est presque une heure !

— Mais la soirée ne fait que commencer ! gémit James en me prenant la main.

— Peut-être mais je dois me lever dans quatre heures et demie ! Christina, il faut y aller !

— On vous raccompagne ! fit Nick.

— Pas question !

Christina me prit à part.

— Allez, Mary-Kate, on va à la soirée ! Juste une heure, c'est l'occasion ou jamais !

— Christina...

— En plus, tu plais vraiment à James ! Il est mignon, non ?

— Mais ça ne va pas, Christina ! répliquai-je. Je suis avec Jake ! Tu te souviens ? Jake, ton cousin !

— Oh, ça va ! Je ne lui dirai rien !

Je jetai un œil aux garçons, ils étaient en train de discuter. Sans doute cherchaient-ils un moyen de nous convaincre.

— Christina, je suis désolée mais on ne connaît pas ces types ! Et je dois aller me coucher.

Je fouillai dans mon sac pour trouver mes clés puis fonçai vers la sortie.

— Maintenant, tu viens. On y va ! Au revoir, les garçons !

— Hé, les filles, cria James, attendez !

Les garçons nous suivirent jusqu'à la voiture.

— On peut se revoir ? demanda Nick.

— Je ne pense pas, non, affirmai-je. Désolée, les garçons !

Christina me lança un regard désespéré.

Nous montâmes dans la voiture et je démarrai. Christina agita la main pour dire au revoir à Nick et James.

Peu après, nous nous garâmes dans le parking de l'hôtel. Christina descendit et s'étira.

— Ça valait le coup de faire le mur, tu ne trouves pas ?

— C'est vrai, admis-je, la boîte était cool !

J'ouvris ma portière aussi doucement que possible.

— Ne fais pas de bruit, surtout !

Christina acquiesça. Nous montâmes les escaliers sur la pointe des pieds et traversâmes le couloir à pas de loup. Une fois dans la chambre, nous nous affalâmes sur nos lits, hilares.

— Ça a marché ! s'écria mon amie. Ni vu ni connu !

Je regardai mon réveil. Il était presque deux heures du matin.

— Il faut vraiment que je dorme, je vais être crevée demain matin !

Je me levai pour aller me laver les dents quand on frappa à la porte. Mon cœur s'arrêta un instant. On frappa à nouveau un peu plus fort. Je me figeai sur place.

Les ennuis allaient commencer...

5

Mary-Kate

— Qui ça peut être ? chuchota Christina.

— Je n'en sais rien, j'espère juste que ça n'est pas Don. Je n'ai pas envie de me faire virer !

On frappa à nouveau.

— Mary-Kate ! chuchota une voix de l'autre côté de la porte. Réponds, je sais que tu es réveillée !

Je poussai un grand soupir. C'était Ashley ! J'ouvris la porte.

— Je savais bien que c'était toi ! s'écria Ashley, folle de rage. J'ai entendu la voiture rentrer dans le parking. Où étais-tu ?

— Je t'en prie, Ashley, calme-toi, dit Christina. On est juste sorties faire un peu la fête, ce n'est pas un drame, non ?

— Comment ça, pas un drame ! On ne doit pas sortir après dix heures du soir et en plus il faut être au maquillage à six heures ! Vous avez vu l'heure ?

— Tu as raison, Ashley, murmurai-je. Je suis désolée. Je te promets que ça ne se reproduira plus.

Ashley se renfrogna et jeta un regard hargneux à Christina. Celle-ci s'était allongée et bâillait.

— O.K., lâcha Ashley, on se voit tout à l'heure.

Elle referma tout doucement la porte et s'éloigna.

Christina leva les yeux au ciel.

— Je ne peux pas croire que vous soyez sœurs ! Tu es tellement plus cool qu'Ashley... Comment pouvez-vous être aussi différentes ?

— Oui, nous sommes différentes, mais peut-être pas autant que tu ne l'imagines.

— Tu penses que nous sommes quoi ? Dans quelle catégorie nous classerais-tu ?

Sam et Kylie étaient assis sur un banc au fond du jardin des parents de Kylie.

— Hmm... fit Kylie, nous sommes... des adolescents.

Sam prit la main de Kylie.

— Mais non ! Je veux dire toi et moi, en tant que couple !

— Eh bien... Je dirais que nous sommes des amis. Oui, des amis, ça me paraît bien.

— Je préférerais que nous soyons un peu plus que ça, lui répondit Sam en se rapprochant.

Kylie le repoussa.

— O.K., tout ça est encore un peu flou pour moi.

— Flou ! gémit Sam. Je déteste les choses floues, j'aime quand tout est clair et net !

— Je ne pense pas être tout à fait prête pour des choses claires et nettes.

Sam s'écarta de Kylie.

— Bon, très bien... Mais ton histoire de flou, c'est du baratin !

— O.K., reprit Kylie. Admettons alors que les choses sont indéfinies. Ça te va, « indéfinies » ?

Sam se mit à bouder.

Le voyage était revenu à son point de départ pour une journée. Les filles s'étaient fait voler la voiture et les garçons avaient crevé les quatre pneus de la Cadillac. Du coup les Hunter avaient décidé d'organiser un barbecue. Le père de Kylie faisait griller les steaks, secondé par Taylor et ses amis.

Kylie se leva.

— Si on allait retrouver les autres ?

Les deux amis s'approchèrent du barbecue.

Toast surveillait consciencieusement la cuisson des steaks.

Mme Hunter arriva avec un plateau chargé d'amuse-gueules et d'une carafe de limonade.

— De la limonade toute fraîche ! s'exclama Toast. Quelle gentille attention, madame Hunter !

Il s'empara alors d'un verre et fit main basse sur quelques champignons.

— Toast, ces steaks sont « label rouge », rappela Mme Hunter, fais-y attention !

— Ne vous inquiétez pas, madame Hunter. J'ai le plus grand respect pour vos steaks !

Taylor regarda la viande.

— Ces steaks ont l'air superbons, Papa.

— Un steak, expliqua M. Hunter, c'est peu de chose, mais quand tu le fais...

— Fais-le bien ! termina Mme Hunter.

Toast prit la carafe sur la table et s'approcha de Jenn.

— La limonade est délicieuse aussi, remarqua-t-il. Tu en veux un peu, Jenn ?

Danny lança à Toast un petit sourire goguenard et lui donna un coup de coude. Toast trébucha et la limonade inonda le grill.

Lyndi poussa des hurlements.

— Bravo, Toast ! Tu viens de bousiller les steaks !

— Peut-être pas, affirma Toast. Des steaks marinés dans la limonade, c'est peut-être succulent ?

— Bon, il n'y a plus qu'à commander au restaurant chinois, termina Taylor.

Toast s'empara du dernier morceau de poulet au caramel et Kylie reprit un nem. Le repas chinois était presque fini. Kylie, Taylor et leurs amis se détendaient dans la véranda des Hunter.

— Merci de nous avoir invités, les filles, dit Danny.

— La prochaine fois, nous prévoirons un dîner waterproof, plaisanta Kylie.

Toast désigna Danny du doigt.

— C'est sa faute, c'est lui qui m'a poussé !

Danny prit un air innocent.

— Qui ça, moi ?

— Vous vous disputerez demain, intervint Taylor. Allons nous coucher, le bus part à huit heures demain matin !

Comme leurs voitures étaient hors d'usage, les amis avaient essayé de prendre l'avion. Hélas ! tous les vols directs pour Salt Lake City étaient complets. Il leur fallait donc prendre un bus jusqu'à Las Vegas et de là prendre l'avion.

— Huit heures, on y sera ! répondit Toast.

Les garçons se levèrent et les filles les accompagnèrent jusqu'à la porte. Sam se pencha vers Kylie pour l'embrasser. Mais Kylie tourna la tête et Sam ne put qu'effleurer sa joue.

— Finalement, tu as raison, soupira-t-il, contentons-nous de l'indéfini pour l'instant.

— Alors, Taylor ! Qu'est-ce que tu lis ? demanda Danny en observant le magazine que Taylor tenait.

Les amis s'étaient installés dans le bus pour Las Vegas. Le véhicule était à moitié vide, du coup il y avait plein de place pour s'étaler. Danny était près de Taylor, Lyndi était seule dans son coin. Quant à Jenn et Toast, ils étaient au fond du bus, juste derrière Kylie et Sam.

Taylor abaissa son magazine.

— Je suis en train de lire un article sur Picabo Street. Elle se débrouille bien. Elle a eu la médaille d'or pour le super-g en 98 et l'argent pour la vitesse en 94. J'ai hâte de la voir à l'œuvre !

— ...

Taylor continua sa lecture en souriant. Elle était fan de ski et elle n'arrivait pas à croire qu'elle allait vraiment assister aux épreuves des JO, voir Picabo Street et même Alex Reisher. Ça, c'était le top du top !

— Et moi, j'aurai une médaille ? la taquina Danny.

Taylor fit semblant de ne pas l'entendre.

— Hein, Taylor, j'aurai l'or ou l'argent ?

Taylor ferma son journal.

— Quoi, qu'est-ce qu'il y a, à la fin, Danny ?

— Je suis un champion, moi aussi !

De l'autre côté de l'allée, Lyndi pouffa de rire :

— Tu mérites la médaille d'or !

Taylor soupira. Elle aurait préféré que Lyndi n'encourage pas Danny. Soudain elle eut un flash. Danny... Lyndi...

— Vous savez quoi, les enfants ? Vous feriez un parfait petit couple tous les deux !

— Tu crois ? s'écria Lyndi flattée.

— Tu crois ? s'inquiéta Danny.

« Quel dommage que Danny ne se rende pas compte que Lyndi est une chic fille, pensa Taylor. Elle est folle de lui ! »

Taylor se leva.

— Je vais me mettre plus loin. Comme ça, je pourrai m'allonger un peu.

Elle s'installa de l'autre côté de la rangée, pas très loin de Jenn et Toast. Elle essaya de poursuivre sa lecture mais des bribes de conversation lui parvenaient.

— Danny est vraiment ton meilleur ami ? questionna Jenn.

— Oui, depuis le primaire, pourquoi ?

Taylor s'enfonça derrière son journal.

— Eh bien... Je ne comprends pas. Nous les filles, on s'asticote toujours un peu, mais ce n'est jamais méchant.

— Oui, c'est bien, et alors ?

— Et alors... toi, tu es le bouc émissaire de Danny et ses blagues ne sont pas toujours de très bon goût !

Taylor se pencha un peu pour observer la réaction de Toast.

Il était sérieux et pensif à la fois.

— Ne le prends pas mal, Toast, reprit Jenn. C'est juste un truc que j'ai remarqué.

— Oui, je sais, je suis d'accord avec toi. À propos, mon vrai prénom, c'est Joshua.

Quelques heures plus tard le bus s'arrêta. Taylor regarda par la fenêtre. Le petit bourg était désert mais il y avait quand même une cafétéria.

— Quelqu'un a faim ? lança Taylor à la cantonade.

— Moi ! répondit Danny.

— Moi aussi ! glapit Lyndi.

Le reste de la troupe était endormi au fond du bus. Taylor attrapa son sac à dos puis elle se dirigea vers sa sœur et la secoua doucement.

— Tu viens déjeuner ?

Kylie marmonna vaguement et repoussa sa sœur.

— Comme tu voudras ! fit Taylor.

Après avoir grignoté quelque chose, Taylor, Lyndi et Danny remontèrent dans le bus. Taylor jeta un œil dans le fond du bus. Elle ne vit que des corps roulés en boule sous des manteaux.

— Je ne peux pas croire qu'ils dorment encore !

— Surtout Toast ! ajouta Danny. Ce n'est pas son genre de sauter un repas !

Ils reprirent leurs places et très vite Danny et Lyndi s'endormirent. Taylor se replongea dans son magazine et, quand elle finit par lever le nez, le bus s'arrêtait encore une fois.

— Baker, terminus ! annonça le chauffeur.

— Terminus ? s'exclama Taylor.

Elle examina le paysage. La ville était la plus petite et la plus déserte qu'elle ait jamais vue. Le centre-ville était constitué d'une épicerie, d'une pompe à essence et d'une cafétéria, le tout en plein désert !

— Mais nous ne sommes pas à Vegas ! s'écria-t-elle.

À ce moment-là, Danny et Lyndi se réveillèrent.

— On est où ? demanda Lyndi.

— Je ne sais pas, avoua Taylor. On a dû se tromper de bus !

Elle se retourna.

— Kylie !

Mais Kylie n'était plus là. Il n'y avait personne, ni Sam, ni Toast, ni Jenn !

— Allez, les enfants, rappela le chauffeur. Terminus, tout le monde descend !

Taylor leva les yeux au ciel.

— C'est pas vrai ! On s'est trompés de bus. Maintenant, on est tout seuls !

— Coupez ! hurla Don après la dernière réplique. Parfait, les enfants ! Ce sera tout pour aujourd'hui.

J'étais complètement épuisée. Nous avions beaucoup tourné et la journée m'avait semblée interminable. « Je jure de ne plus jamais sortir le soir ! » pensai-je.

Buddy me tapa sur l'épaule.

— Ce soir, on dîne tous à la cafétéria. Tu viens ?

— Non, je ne pense pas. Je suis trop fatiguée pour dîner. Merci, Buddy !

Le matin même, le maquilleur avait passé un temps fou à dissimuler mes cernes. En plus, j'avais oublié mon texte à plusieurs reprises, ce qui ne me ressemblait pas du tout.

— Tu vas bien, Mary-Kate ? s'inquiéta Buddy.

— Oui, ça va ! Je suis juste un peu fatiguée...

— Tu veux que je te rapporte un milk-shake ? Quand on est fatigué, rien de tel qu'un gros milk-shake pour retrouver la pêche !

— Non merci ! répondis-je. Je crois que je vais aller me reposer un peu.

— Hé, les enfants ! reprit Don. N'oubliez pas que nous partons pour Vegas demain matin. Je veux voir tout le monde fin prêt à sept heures tapantes !

Je me précipitais vers la sortie quand Don m'appela.

— Mary-Kate, je peux te voir une seconde ?

Je pâlis. Pitié ! Don allait peut-être me dire que j'avais été très mauvaise aujourd'hui. Pourvu qu'il n'ait pas découvert que j'avais fait le mur hier soir ! Si jamais il me renvoyait ?

6

Mary-Kate

J'essayai de prendre un air détaché.

— Écoute, Mary-Kate, commença-t-il. Amy m'a confié que Christina avait travaillé avec elle pour les costumes.

— Oui, c'est vrai. Il y a un problème ?

— Non, au contraire ! Je voulais juste te prévenir que si elle veut venir avec nous à Las Vegas, elle est la bienvenue. Tu peux lui dire.

— Don, c'est super !

J'attendis de voir si Don allait ajouter quelque chose.

— Parfait ! poursuivit-il. Alors à plus tard, Mary-Kate !

Don tourna les talons et quitta le plateau. Je grimpai l'escalier à toute vitesse et je sortis du studio. Ashley m'attendait dehors.

— Qu'est-ce qu'il te voulait, Don ?

— Me prévenir que Christina pouvait venir avec nous à Las Vegas !

— Hmm, super... soupira Ashley. Tu sais, j'espère que Christina ne va pas nous accompagner. Elle a une mauvaise influence sur toi.

Je m'arrêtai net et fis face à Ashley.

— Quoi ! Qu'est-ce que tu veux dire ?

— C'était son idée de faire le mur hier ou je me trompe ? Tu n'aurais jamais fait une chose pareille toute seule.

— Oui, c'est vrai, admis-je, c'était son idée. Mais ne te fais pas de souci, Ashley, je sais prendre soin de moi !

Et je laissai ma sœur sur place en haussant les épaules. Ashley n'était pas ma mère, après tout ! J'avais déjà une mère qui veillait sur moi. Au fond de moi, pourtant, je savais qu'elle avait raison. Je regrettais d'être sortie si tard hier soir. Le jeu n'en valait pas la chandelle.

Ashley

Je regardai Mary-Kate s'éloigner. Qu'est-ce qui lui arrivait ? Pourquoi se comportait-elle comme ça ? Quoi qu'elle en dise, j'avais des raisons de m'inquiéter. Quelque chose clochait avec Christina. Mary-Kate avait-elle vraiment de l'affection pour cette fille ou prenait-elle son parti uniquement parce qu'elle était la cousine de Jake ?

— Je suis sûr que tu vas adorer ma prochaine chanson, promit Noah. C'est un hommage à la plus grande star du rock and roll de tous les temps : Monsieur Elvis Presley !

Noah s'installa près de moi à l'arrière du car et plaqua un accord sur sa guitare.

Le car roulait sur l'autoroute. Kip, Rachel, Delia et Buddy étaient assis autour de nous. Christina et Mary-Kate étaient à l'avant.

— Es-tu déjà allé à Las Vegas ? demanda Delia à Noah.

— Non, mais je sais que c'est génial et que ça bouge bien !

— Bof... lança Kip. J'y suis allé une fois avec ma grand-mère, et je n'y ai vu que de très vieilles dames vissées à leur machines à sous !

— Peut-être que ta grand-mère ne connaissait pas les endroits branchés ? suggéra Rachel.

— Est-ce que tu sous-entends que ma grand-mère est une ringarde ?

Noah poussa un grand soupir.

— Bon... Est-ce que quelqu'un veut entendre ma chanson, oui ou non ?

Je levai la main.

— Oui, moi !

Noah m'adressa son regard ténébreux et commença à jouer *Viva Las Vegas*. À la fin, tout le monde l'applaudit en sifflant.

— Merci, merci beaucoup, fit Noah en imitant la voix d'Elvis. Et il enchaîna avec une autre chanson du King *Le Rock du bagne*. C'était super !

— Maintenant, si tu chantais *Love Me Tender*, conseilla Buddy. C'est ma chanson préférée !

— J'ai une autre idée. Un de mes amis est dans un groupe et a composé une chanson. Le titre, c'est : « La fille qui me plaît ».

Noah me gratifia d'un grand sourire.

J'adore cette fille et ses boucles blondes.
Quand je la vois, je tremble et je tombe.
Oui, elle me plaît, cette fille m'envoûte.

Incroyable ! Noah ne m'avait pas quittée des yeux en la chantant...

Elle fait battre mon cœur, si fort.
Elle est mon poème, ma musique.
Oui, Ashley, tu me plais, tu m'envoûtes...

Noah avait changé les paroles ! Pas de doute, cette chanson était vraiment pour moi !

Je regardai mes amis. Tout le monde avait tapé dans ses mains. Je me penchai vers l'avant du bus. Tout le monde excepté Mary-Kate et Christina. Elles n'avaient pas cessé de se murmurer des choses à l'oreille. Qu'est-ce qui leur prenait ? Est-ce qu'elles se moquaient de Noah et de sa chanson ? De moi ? Décidément je n'aimais pas Christina. J'aurais tellement voulu que Mary-Kate ne s'entende pas aussi bien avec elle !

Mary-Kate

— Tu le crois, toi ? jeta Christina. Noah s'est arrangé pour glisser le nom d'Ashley dans sa chanson ! Il se prend pour Brad Pitt et Elvis Presley à la fois !

J'étais d'accord. Je jetai un coup d'œil à l'arrière du bus. Ashley était près de Noah, totalement béate. Comment ne voyait-elle pas que Noah était un vrai nul ?

— C'est un véritable abruti, ce mec, reprit Christina. Il ferait n'importe quoi pour se faire remarquer.

Je ricanai. Pourtant, critiquer Noah alors qu'il était si près de nous n'était pas très gentil... Et j'étais un peu gênée pour Ashley, elle avait l'air tellement heureuse ! En même temps, Christina avait raison. Noah n'était sûrement pas sincère...

Je me retournai encore une fois. Buddy s'était assis près d'Ashley mais celle-ci n'avait d'yeux que pour Noah !

Notre bus s'arrêta dans une aire de stationnement.

— Nous allons faire le plein, expliqua le chauffeur. Vous pouvez descendre et vous dégourdir les jambes !

— Ça n'est pas trop tôt ! s'exclama Christina.

Nous nous sommes ruées dans la boutique de la station essence.

Quelques instants plus tard, adossées au bus, Christina et moi dégustions un thé glacé. Une Ferrari rouge s'arrêta pour prendre de l'essence. Le conducteur avança vers la boutique de la station.

— Waouh ! s'écria Christina. Vise un peu cette voiture ! Elle est faite pour moi...

Elle s'approcha.

— En plus il a laissé les clés !

— Et alors ? lançai-je.

Christina jeta un œil vers la boutique.

— Viens vite, Mary-Kate ! Il en a pour des heures !

Christina s'installa dans la Ferrari et fit mine de mettre le contact.

— Alors, Mary-Kate, tu viens ou quoi ?

7

Mary-Kate

— Mais enfin, Christina, tu es folle ou quoi ? Sors de là tout de suite !

Le propriétaire de la voiture arriva en courant.

— Vous jouez à quoi, là ? Descendez immédiatement !

— Pas de panique ! répondit Christina en riant. Je voulais juste savoir ce que ça faisait d'être au volant d'une aussi belle voiture.

— Bon, ça va, dit l'homme.

Il démarra en trombe et les pneus crissèrent sur le bitume. Christina fit un signe de la main.

— Tchao ! Tu sais, Mary-Kate, tu aurais dû monter tout de suite ! On serait déjà loin maintenant !

Je la fixai, l'air inquiet.

— Ne fais pas cette tête, Mary-Kate ! Je rigolais !

Je lâchai un soupir de soulagement. En fait, Christina n'avait rien fait de mal. J'avais eu peur pour rien.

Nous rejoignîmes les autres dans le bus et Noah se remit à jouer de la guitare.

— Pitié ! gémit Christina. Il ne va pas remettre ça ?

Ashley

— Noah craque vraiment pour toi, Ashley, m'avertit Rachel.

Ce soir-là, Rachel, Delia et moi étions installées dans notre chambre d'hôtel à Las Vegas. Mary-Kate et Christina étaient dans la chambre voisine.

— Tu crois vraiment ?

Je savais que Noah s'intéressait à moi mais je ne savais pas dans quelle mesure. Ce garçon semblait ne pouvoir s'intéresser qu'à lui-même.

— Ça me paraît évident, s'écria Delia. Il n'y a qu'à voir comment il a changé les paroles de la chanson pour toi. Il n'a pas fait ça pour moi !

— Ni pour moi, regretta Rachel. Dommage, il est tellement mignon !

— Si Noah s'intéresse vraiment à moi, pourquoi ne me propose-t-il pas un rendez-vous ?

— Il n'est peut-être pas sûr de lui, observa Delia. Il a peut-être envie que tu l'encourages un peu.

— Oui, tu devrais lui montrer tes sentiments, ajouta Rachel. Mais comment ?

Delia s'assit sur le lit.

— Réfléchissons... Quels sont les goûts de Noah ?

— Il adore la musique, affirma Rachel. Tu chantes bien, Ashley ?

— Je me débrouille, oui.

Delia se leva d'un bond.

— Elvis ! Il est fou d'Elvis Presley !

— Au fait, vous avez déjà vu des sosies d'Elvis, les filles ? questionna Rachel. J'adore ces types, ils sont vraiment drôles !

— Je ne connais que les deux qui jouent dans notre film... fit Delia.

— Eh bien voilà, c'est génial ! m'écriai-je. Je vais me déguiser en Elvis avec un des costumes du film et je vais chanter une chanson à Noah !

— Ça, c'est gonflé ! remarqua Rachel. Si tu y arrives, Noah sera fixé sur tes sentiments à son égard.

J'échafaudais déjà mon plan dans ma tête. J'allais devenir un parfait Elvis et Noah allait adorer ça !

Le bus circulait maintenant dans les rues de Las Vegas.

— Où peuvent-ils être ? s'exclama Kylie.

Elle fouilla dans son sac.

— Il faut que j'appelle Taylor. Si ça se trouve, il leur est arrivé quelque chose de grave !

Elle composa rapidement le numéro mais rien ne se passa.

— Il n'y a pas de réseau !

Sam attrapa Kylie par le bras et la força à se rasseoir.

— Ne t'inquiète pas, je suis sûr que Taylor va très bien.

— Elle est simplement restée au dernier arrêt, supposa Jenn.

— Oui, renchérit Toast. Ils ont loupé le bus, ce n'est pas si grave !

Kylie n'était pas rassurée pour autant.

— Je ferais mieux d'appeler mes parents.

Sam l'arrêta.

— Non, Kylie. À ton avis, ils vont faire quoi, tes parents, après le coup des pneus crevés et de la voiture volée ? Ils vont nous demander de rentrer illico !

Kylie poussa un profond soupir. Sam avait raison, ses parents étaient adorables mais cette fois ils seraient intraitables.

— O.K., consentit Kylie. Je vais me calmer. J'essaie juste de joindre Taylor.

« Et le plus tôt sera le mieux, pensa-t-elle. Parce que si je n'y parviens pas, c'en sera fini de notre beau voyage ! »

Taylor s'acharnait une fois de plus sur son téléphone portable.

— Impossible de joindre Kylie ! Il n'y a pas de réseau ! Elle doit être arrivée à Las Vegas et paniquer comme une folle !

— Oui, mais au moins Las Vegas figure sur les cartes, ronchonna Danny, tandis que ce trou ... Franchement, cette ville est si minuscule qu'avec nous, elle est carrément surpeuplée !

Lyndi éclata de rire. Taylor dévisagea Danny.

— Ce n'est pas le moment de plaisanter.

— Taylor, je ne vois pas ce qu'on pourrait faire d'autre, observa Danny en haussant les épaules.

— Je n'arrive pas à joindre ma sœur et le pro-

chain bus pour Vegas, ne part que dans six heures ! On est obligés de dormir à la belle étoile avec les serpents, et si je préviens mes parents, on peut dire adieu à notre voyage ! Tu trouves ça drôle, toi ?

— Tu as raison, admit Danny. Ça n'a rien de marrant !

Taylor leva les yeux au ciel.

— Dire que tout ce que je voulais, c'était assister aux JO !

— On ira à ceux de 2006, suggéra Lyndi.

— C'est ça ! À Turin ? Tu plaisantes ?

— Bon, si on allait dîner, proposa Danny.

— Partez devant, murmura Taylor, j'ai besoin d'être seule un moment.

Danny et Lyndi s'éloignèrent.

Taylor s'assit sur le pare-chocs d'une caravane garée devant l'épicerie. Mais qu'est-ce qu'il leur arrivait ? Pourquoi rien ne marchait correctement pendant ce voyage ?

Un coup de vent la couvrit de poussière. Elle se leva et s'épousseta. À ce moment, son téléphone sonna.

— Kylie ! s'écria-t-elle. Ça fait des heures que j'essaie de te joindre !

— Où êtes-vous ? Que vous est-il arrivé ?

— On s'est trompés de bus. Nous sommes à Baker, en Californie. Une espèce de trou paumé au milieu de nulle part ! Et vous ?

— Nous, nous sommes à Las Vegas, répondit Kylie. Tu es sûr que tout va bien ? J'ai eu tellement peur !

— Moi aussi, j'ai eu peur, avoua Taylor. Mais tout va bien. Il faut juste qu'on trouve un moyen de s'en aller d'ici !

— Qu'est-ce qu'on peut faire ? Tu sais que j'ai bien failli prévenir Papa et Maman. Et toi ?

— J'allais le faire, mais j'ai réfléchi. Je me suis mise dans ce pétrin toute seule, il faut que j'en sorte toute seule. Nous allons vous rejoindre à Vegas et prendre cet avion pour Salt Lake City avec vous ! Je te le promets !

Kylie resta silencieuse un instant.

— Comment comptes-tu faire ?

— Je ne sais pas encore, reconnut Taylor. Mais tout ce que vous avez à faire, c'est nous attendre !

— On ne bouge pas, promis !

Taylor raccrocha et sourit. Ça allait mieux maintenant.

Elle pénétra dans l'épicerie et aperçut quelques vieillards qui jouaient aux dames en buvant un soda. Une fille qui devait avoir à peu près son âge jouait sur un piano droit. Elle portait une vieille salopette, un sweat déchiré et des baskets usées. Elle avait de magnifiques cheveux bruns et de grands yeux sombres, très chaleureux. De plus, c'était une excellente pianiste.

Taylor prit un Coca et s'installa près du piano. Quelques minutes plus tard la fille s'arrêta et s'approcha de Taylor en souriant.

— Salut ! Je m'appelle Charly.

— Et moi, Taylor.

— Qu'est-ce que tu fais là ? Je me trompe ou tu t'es perdue ? Parce que franchement je n'ai jamais croisé quelqu'un de mon âge par ici.

Les larmes montèrent aux yeux de Taylor. Elle secoua la tête, incapable de prononcer un mot.

— Je suis désolée, s'excusa Charly. Ça ne me regarde pas.

— Ça va aller...

Et Taylor commença à raconter.

— En fait, je voulais aller aux JO seule, mais ma sœur et quelques amis ont voulu m'accompagner. Depuis, tout va de travers ! Je me suis fait voler ma voiture, celle des garçons a crevé et tous les vols pour Salt Lake City étaient complets ! Alors nous avons pris le bus mais pas le bon ! Et maintenant les épreuves des JO sont presque finies.

— C'est l'histoire la plus triste que j'aie jamais entendue, lâcha Charly.

La jeune fille se redressa soudain.

— Je sais ! Je vais vous y emmener, à Las Vegas, moi !

— Non, soupira Taylor. Je ne peux pas te demander une chose pareille !

— Allez, Taylor ! Je t'en prie, ça me ferait tellement plaisir ! Je ne suis jamais avec des gens de mon âge !

— Tu es sûre de vouloir me fréquenter avec la poisse que je trimbale ?

Charly sourit.

— Je suis sûre qu'à partir d'aujourd'hui, ta chance va tourner !

— Bon, dit Kylie. Nous avons quelques heures à tuer avant qu'ils ne nous rejoignent. Qu'est-ce qu'on fait ?

— Un tour en ville ! s'écria Sam.

— Oui, on ira manger ! proposa Toast.

Ils avancèrent dans la rue Fremont et achetèrent des sandwichs dans la première échoppe venue. Partout les casinos brillaient de mille feux. Kylie observait les néons des enseignes.

— Ça vous dirait d'aller voir un spectacle ? Tiens, le Cirque du Soleil ?

— C'est complet ! rétorqua Sam.

— Et si on allait au restaurant ? lança Toast.

— Toast, tu viens juste de manger un sandwich, remarqua Jenn.

— Oui, mais ça n'était qu'un amuse-gueule,

maintenant je suis prêt à passer aux choses sérieuses !

— Arrête, tu veux, nous mangerons plus tard !

Ils continuèrent à marcher.

— Et Siegfried et Roy ? fit Kylie.

— C'est plein, soupira Sam.

— Un restau ! insista Toast.

À ce moment-là, un homme étrange s'approcha d'eux.

— Excusez-moi, jeunes gens, dit-il avec un fort accent indien. Je m'appelle Raj. Je suis certain que vous feriez de parfaits témoins !

— Il veut commettre un crime ! s'exclama Jenn.

L'homme désigna une jolie petite chapelle au coin de la rue.

— De parfaits témoins... pour un mariage !

— Un mariage pour de vrai ? demanda Sam.

— Un vrai mariage, avec un marié, une mariée et plein de riz !

Toast regarda l'homme dans les yeux.

— Le riz, à la vapeur ou frit ?

— Je promets que vous aurez droit à un vrai dîner si vous acceptez d'être témoins à ce mariage.

— Ça marche ! hurla Toast.

Kylie haussa les épaules.

— Après tout, pourquoi pas ? Nous n'avons rien de mieux à faire.

Raj conduisit la petite bande à l'intérieur de la chapelle et leur désigna le premier rang de sièges.

— Attendez ici, le mariage commence dans quelques minutes.

Raj fixa les jeunes tour à tour et s'arrêta sur Toast.

— Toi, suis-moi.

— Pour quoi faire ? s'inquiéta Toast.

— Tu verras.

Raj et Toast disparurent derrière un lourd rideau brodé d'or.

— Un vrai mariage ! s'étonna Jenn. Je n'en reviens pas !

Un couple de jeunes mariés apparut au fond de la chapelle. Ils devaient avoir trente ans. La jeune femme portait une robe blanche très courte. Le marié était en costume doré.

— Je sens que ça va être drôle, chuchota Kylie à l'oreille de Jenn.

Une enceinte cracha l'air de la marche nuptiale. Les mariés avancèrent dans l'allée centrale et s'arrêtèrent au pied de l'autel. Alors, le rideau brodé d'or s'ouvrit et Raj et Toast apparurent. Ils portaient tous les deux une combinaison blanche à franges, une perruque noire et luisante avec de longues pattes et des lunettes à verres teintés. De véritables sosies d'Elvis !

Kylie explosa de rire.

Des applaudissements enregistrés surgirent des enceintes. Raj salua et remercia en imitant la voix d'Elvis, mais sans toutefois se départir de son terrible accent indien. Il poussa Toast vers le futur marié.

— Je vous présente votre témoin.

La fiancée se rapprocha et pinça la joue de Toast.

— J'avais entendu parler d'un Elvis jeune ou d'un Elvis obèse, mais toi tu dois être l'Elvis mignon...

— Petite madame, lâcha Toast à la manière d'Elvis, si vous continuez à me faire des compliments, je ne réponds plus de rien !

Kylie riait de bon cœur. Toast regarda Kylie et Jenn.

— Les filles, venez ! Cette future jeune mariée a besoin de ses demoiselles d'honneur.

Kylie et Jenn rejoignirent la fiancée près de l'autel.

— Aujourd'hui, commença Raj, nous célébrons l'union de deux personnes exceptionnelles, deux personnes que j'ai appris à connaître et à apprécier, Charles et...

— Non, moi, c'est Carl ! interrompit le futur marié.

— Oui, pardon. Carl et Leanne.

— Diane, corrigea la jeune femme.

— Carl et Diane, reprit Raj. Nous vous souhaitons la bienvenue à Las Vegas et, par la même occasion, je vous déclare unis par les liens du mariage !

Raj démarra une chanson d'Elvis, Carl et Diane battirent des mains et Toast lança du riz sur les jeunes époux.

— Je trouve ça super ! s'exclama Diane.

— Je vous rappelle que les pourboires sont les bienvenus, leur glissa Raj. Et si vous vous avisez de me faire un chèque en bois, vous risquez fort de passer votre nuit de noces à chanter Jailhouse Rock *comme votre idole...*

— Vive Las Vegas ! hurla Kylie.

— Des kilomètres d'oranges, murmura Taylor.

Elle était installée sur le siège avant du camion de Charly et regardait les interminables plantations. Lyndi et Danny étaient couchés dans la remorque à l'arrière. La nuit commençait à tomber.

Charly sourit.

— Sais-tu qu'un verre de jus d'orange ne contient ni matières grasses, ni cholestérol, ni sel, et qu'il couvre vingt pour cent de tes besoins quotidiens en vitamine C ?

— Waouh ! Tu es une pro des oranges !

— C'est normal, répondit Charly. Je travaille dans ces plantations chaque soir et tous les week-ends !

Taylor ne savait plus quoi dire. Charly devait être vraiment très pauvre. Ses vêtements étaient usés et sales, son camion menaçait de tomber en ruine et elle devait faire la cueillette des oranges !

— C'est bien, ça me permet de passer plus de temps avec mon père, poursuivit Charly.

— Ton père aussi fait la cueillette des oranges ?

— Tu m'étonnes, il en cueille des millions ! Dis-moi, il y a des fêtes dans ton lycée ?

— Oui, fit Taylor. Pourquoi, pas dans le tien ?

— Non, je suis scolarisée à la maison !

Taylor réfléchit un instant.

— Écoute, Charly, on te paiera l'essence pour le trajet et puis on te donnera un petit quelque chose pour le dérangement.

Charly secoua la tête énergiquement.

— Pas question ! Ça me fait plaisir d'être avec vous.

Le moteur se mit à tousser. Le camion ralentit puis finit par s'arrêter complètement.

— Que se passe-t-il ? s'inquiéta Taylor.

— Rien de grave ! expliqua Charly. Il fait ça tout le temps.

Elle sortit de la cabine et Taylor la suivit. Charly sortit une boîte à outils du camion et souleva le capot. Lyndi et Danny sautèrent de la remorque.

— À mon avis, annonça Danny, ton camion vient de rendre son dernier soupir !

Taylor fit les cent pas devant le camion.

— Il fallait que ça nous arrive à nous ! Des tas de gens font Los Angeles-Salt Lake City tous les jours sans la moindre difficulté ! Mais non, pas nous !

Charly releva la tête du capot.

— C'est à Salt Lake City que vous allez ?

— Oui, répondit Taylor. Pour assister aux épreuves des JO.

— Mais pourquoi tu ne me l'as pas dit plus tôt ! Je croyais que vous vouliez aller à Las Vegas !

— Oui, à Las Vegas, mais pour prendre un avion pour Salt Lake City.

— C'est stupide, mon père aurait pu vous emmener directement là bas.

Taylor jeta un coup d'œil au camion.

— Non, sans façon...

— Avec son avion, je veux dire, s'écria Charly.

Taylor lança un regard stupéfait à ses amis. Danny leva les yeux au ciel.

— Bien sûr... Et après, il nous aurait emmenés à Hawaï sur son yacht !

— Il faudrait vous décider ! s'énerva Charly. Vous préférez l'avion ou le bateau ?

— Voyons, Charly, qu'est-ce que tu racontes ? demanda Taylor.

Charly désigna du doigt des lumières au bout de la plantation.

— C'est ma maison, affirma Charly. Mon père est le propriétaire de ces plantations d'orangers et il possède son jet privé !

— Quoi ! s'exclama Taylor.

Elle éclata de rire. Charly n'était pas une petite fille pauvre. Elle était même super-riche !

8

Mary-Kate

— Tu n'aimes pas Las Vegas ? s'enquit Ashley. Les lumières de la ville, ces après-midi brûlantes au bord de la piscine... Parfois je n'arrive pas à réaliser ce qu'il nous arrive. Ce tournage de film, ces extérieurs à Las Vegas, c'est trop génial !

Nous étions installées dans le hall de l'hôtel.

— C'est vrai, dis-je, c'est cool.

Ashley gigota dans son fauteuil.

— Nous partons bientôt pour le village olympique. Il y aura plein de scènes super à tourner.

— Ah bon, lesquelles ?

Ashley gigota à nouveau.

— Eh bien... Ta scène avec Noah, par exemple, la scène du baiser.

— Ah oui, celle-là ! Je n'y pensais pas du tout.

— Tu n'es pas anxieuse à l'idée de la tourner ?

— Si, un peu, admis-je. C'est difficile de penser qu'on va embrasser quelqu'un dont on n'a rien à faire et ce devant une caméra !

Ashley baissa les yeux.

— J'aurais adoré que mon personnage puisse embrasser Noah.

J'éclatai de rire.

— Moi aussi, je t'assure, j'aurais préféré que ce soit toi ! Noah te plaît vraiment, non ?

— Oui ! Tu ne trouves pas qu'il est bourré de talent ?

— Si, sûrement. Je pense juste qu'il n'est pas assez bien pour toi.

Ashley me dévisagea, interdite.

— Qu'est-ce qui te fait penser ça ?

Cette fois, c'était mon tour d'être gênée.

— Je ne sais pas... Il n'est pas un peu prétentieux, non ?

— Quoi ?

— Écoute, ses belles mèches blondes ne sont pas le résultat de ses incroyables performances de surfer cet été. Il se fait des mèches.

— Je ne te crois pas, s'insurgea Ashley.

— Et puis, il y a autre chose. Tu te souviens du premier jour de tournage, quand il t'a plantée là pour aller discuter avec Don, le réalisateur ?

— Je ne vois vraiment pas ce qu'il y a de mal à ça ! Noah est très ambitieux.

Je soupirai. Ashley n'arriverait jamais à voir Noah tel qu'il était en réalité !

— Où est Christina ? me demanda Ashley.

— Elle est partie faire une course avec Amy.

Ashley me regarda droit dans les yeux.

— Il y a une chose dont je voulais te parler à son sujet. Tu ne trouves pas qu'elle s'est conduite bizarrement quand nous nous sommes arrêtés dans la station essence l'autre jour et qu'elle s'est installée dans la voiture de ce type ?

— C'est vrai, admis-je. Ça m'a étonnée aussi. Mais Christina est une fille imprévisible et c'est ça que j'aime chez elle.

Ashley me fixa un moment, stupéfaite.

— Imprévisible ? Ce n'est vraiment pas le mot que j'emploierais. Je crois plutôt qu'elle est un peu dérangée. Et même carrément dangereuse !

— Dangereuse ! m'exclamai-je en riant. Voyons, Ashley, elle est bizarre, d'accord, mais tout ce qu'elle veut, c'est s'amuser.

À ce moment-là, Buddy arriva dans le hall.

— Vous venez faire un tour, les filles ? Je vais au Paradise Casino, voir si je peux récupérer des places pour un concert.

— Pour quel concert ? questionnai-je.

— Les Hard Drive, c'est mon groupe préféré. J'ai essayé de les voir à Los Angeles, mais tous les billets ont été vendus en un rien de temps !

— Jake est un fan de ce groupe, dis-je, mais moi, ça n'est pas trop mon truc.

— Accompagne-moi quand même, insista Buddy. Rien que pour voir le Casino. Il paraît qu'à l'intérieur, il y a un volcan avec de la lave en fusion !

Je levai les sourcils.

— Ah oui ? Alors je viens ! Et toi, Ashley ?

— Non, j'attends Delia et Rachel.

— On peut les attendre avec toi, proposa Buddy. Je ne suis pas à trois minutes près.

— Non, vraiment. Allez-y sans moi. On a des trucs à faire.

Je regardai Ashley, mais elle tourna la tête. Qu'est-ce qu'elle avait de si important à faire ?

— Hmm... pas de problème, on se voit plus tard, alors ?

— À plus !

Sur ce, Buddy et moi sortîmes de l'hôtel.

— Alors, qui est ce Jake dont tu parlais ? Allez, je veux tout savoir !

— Jake ? C'est mon petit ami.

Je n'en avais parlé à personne mais Jake me manquait énormément. Au début, j'avais cru qu'avec Christina à mes côtés je supporterais son absence. Mais non, Christina ne pouvait pas remplacer Jake !

Je levai les yeux. Buddy m'observait.

— Jake doit être un type super, non ?

— Il l'est, oui. Je l'ai rencontré au printemps dernier, mais j'ai dû partir pour l'été et maintenant il y a le tournage de ce film...

— Et il te manque...

Je hochai la tête.

Buddy s'arrêta net devant le supermarché.

— Écoute, Jake te manque, mais dis-toi que tu lui manques probablement dix fois plus. Et ça, il ne l'avouera jamais !

— Comment tu peux savoir cela ?

— C'est un truc de mec ! On essaye toujours d'avoir l'air détaché avec les filles mais en réalité nous sommes aussi sentimentaux que vous.

J'éclatai de rire.

— Je ne te crois pas !

— C'est pourtant vrai ! Quand un type a la chance de sortir avec une fille comme toi ou Ashley, c'est un superveinard et il le sait très bien.

— Merci...

Je souris. Buddy était vraiment un chic type. Si Ashley pouvait voir Buddy comme je le voyais maintenant, elle serait folle de lui !

— Je me demande pourquoi Ashley n'est pas venue avec nous...

— Je pense que c'est à cause de moi. Elle a trouvé une excuse pour ne pas nous accompagner. Tu sais, j'aime vraiment beaucoup Ashley mais elle ne s'intéresse pas du tout à moi. Elle est toujours fourrée avec Noah et je ne comprends pas pourquoi...

Je m'arrêtai.

— Buddy, je vais t'expliquer quelque chose. Tu es un type super mais tu devrais faire un peu plus attention à toi.

— Que veux-tu dire ?

— Eh bien voilà, je crois que si tu te tenais un peu mieux à table, si tu soignais un peu ton look et si tu mettais un peu de gel dans tes cheveux, Ashley te remarquerait davantage.

Buddy ouvrit de grands yeux.

— Tu crois ?

— Oui, Buddy ! Si Ashley te connaissait mieux, elle serait dingue de toi. Elle adore les garçons qui ont de l'humour !

— C'est vrai qu'elle a beaucoup ri quand j'ai fait Elvis dans cette scène de mariage...

Je me remémorai la scène et me mis à rire.

— Oui, c'est vrai ! Ton imitation d'Elvis était trop drôle !

— Et tu crois que...

— Quoi ?

— Tu crois qu'Ashley aimerait si je me déguisais en Elvis et si je lui chantais une chanson sous sa fenêtre ?

— Elle adorerait ! m'écriai-je. Ce serait drôle et romantique à la fois ! Je pourrais demander à Christina de sortir le costume d'Elvis demain. Comme ça, tu pourrais chanter sous sa fenêtre demain soir ! C'est notre dernière nuit à Las Vegas, c'est le moment idéal !

Je posai mes mains sur les épaules de Buddy.

— Buddy, je t'assure qu'après cela, Ashley ne te verra plus de la même façon !

Ashley

— Alors, je suis comment ?

Je regardai encore une fois le miroir. Je portais la tenue classique d'Elvis Presley, une combinaison blanche à franges avec des strass et des clous.

— Ashley, je te trouve géniale ! s'écria Delia.

— Oui, tu es très mignonne, confirma Rachel.

J'avais emprunté le costume hier soir et je me trouvais plutôt pas mal. Il fallait juste espérer que Noah partagerait cet avis.

— Fais-moi confiance, Ashley, dit Rachel. À partir de demain, Noah ne te verra plus de la même manière !

Mary-Kate

— Hé, Mary-Kate, me lança Delia le soir suivant. Nous sortons tous dîner, tu viens avec nous ?

La porte de l'ascenseur venait de s'ouvrir à notre étage. Christina et moi nous nous apprêtions à rejoindre le reste de l'équipe. Je n'avais pas passé beaucoup de temps avec les autres ces jours-ci et ce dîner me semblait une bonne idée.

— C'est gentil mais pas ce soir, remercia Christina, nous avons déjà des projets pour la soirée.

Ashley pinça les lèvres.

— O.K... On se voit plus tard, alors !

La porte de l'ascenseur se referma et nos amis disparurent. Je me tournai vers Christina.

— Quels projets ? On n'a fait aucun projet pour ce soir !

— J'aurais voulu discuter un peu avec toi. Allons dîner dehors ensemble !

Nous partîmes aussitôt et, en nous baladant, nous tombâmes sur un petit restaurant italien. Christina s'arrêta devant la carte.

— Ils servent des paninis ! J'adore. Quand je suis à New York, j'en prends toujours pour déjeuner le samedi !

— Allons-y !

Nous rentrâmes dans le restaurant et prîmes la dernière table libre, tout près de la porte.

— Ça doit être cool de vivre à New York, dis-je après avoir commandé un sandwich et du café. Dans quel coin de New York tu habites ?

— Greenwich Village. C'est un endroit génial, c'est très animé, même la nuit. Tu peux te balader partout sans voiture. Voilà pourquoi je n'ai pas encore passé mon permis. Mais maintenant que je suis à Los Angeles, je vais devoir le passer, je crois.

— Moi, je l'ai eu il y a un mois à peine. Ne t'inquiète pas ! L'examen n'est pas trop difficile, bien que je l'aie raté la première fois !

— Tu plaisantes ? Tu conduis bien ! Si c'est comme ça, je n'ai aucune chance de réussir !

— Tout se passera bien, affirmai-je. Arrange-toi juste pour ne pas avoir Jake dans les parages, il risquerait de te distraire...

Christina éclata de rire.

— Écoute, j'adore Jake mais c'est mon cousin et je ne le trouve pas aussi séduisant que toi. Il n'a aucune chance de me perturber !

Le serveur nous apporta nos sandwichs.

— Est-ce que Jake et sa famille sont venus te voir à New York ?

— Oui. Une année, ils sont même venus pour Noël. Jake devait avoir à peu près huit ou neuf ans. Son frère et sa sœur n'étaient pas encore nés..

— Comment était-il, gamin ? Je n'arrive pas à l'imaginer petit.

— Il était comme maintenant, c'est-à-dire très drôle ! Ce Noël-là, nous avons passé d'excellents moments ensemble. Nous avons patiné à Central Park et fait du shopping dans un grand magasin de jouets. Mon père nous a même offert un tour de calèche.

Christina posa son sandwich sur la table.

— Nous étions très proches l'un de l'autre à cette époque. Nous sommes encore très proches, dans un sens, mais nous ne nous sommes pas beaucoup vus pendant quatre ou cinq ans. Mes parents avaient l'habitude de m'emmener chez Jake chaque été.

Elle reprit une bouchée de son sandwich.

— Tu sais, les gens changent beaucoup entre onze et seize ans. Je suis très différente de celle que Jake connaissait quand il était enfant.

— Mais tu disais que Jake était resté le même, c'est peut-être ton cas aussi !

Elle secoua la tête.

— Non, Jake ne changera jamais. C'est un garçon très sensible, les choses le blessent facilement, mais il est solide et droit, c'est dans sa nature. Moi je change tout le temps. Ma mère trouve que j'ai une nouvelle personnalité tous les six mois. Ça la rend dingue.

Nous terminâmes nos sandwichs et nos cafés.

— J'ai envie d'un yaourt glacé. Pas toi ? proposai-je. Il y a un glacier un peu plus bas dans la rue, on devrait régler et y aller.

— Vas-y, je paye l'addition et je te rejoins.

— Pas question. Il n'y a pas de raison.

— S'il te plaît, insista Christina, c'est pour moi. Tu m'as permis d'être sur ce tournage avec toi et c'est super. C'est vraiment le moins que je puisse faire pour te remercier !

— Merci beaucoup, je suis très touchée.

— Vas-y, je règle la note et je te rejoins là-bas.

— O.K.

Je sortis du restaurant et marchai jusqu'au glacier. Là, je m'assis au comptoir et commandai un yaourt glacé à la fraise.

Quelques instants plus tard, Christina surgit dans la boutique hors d'haleine.

— Qu'est-ce qu'il t'arrive ? demandai-je.

— Tu ne vas pas le croire !

Elle retourna à la porte et inspecta la rue.

— C'est bon, il ne m'a pas suivi.

— Enfin, Christina, de qui parles-tu ?

— Mais du serveur, tiens ! Je suis partie sans payer !

9

Mary-Kate

Mon sang ne fit qu'un tour.

— Tu as fait quoi ?

— Je suis partie sans payer, répéta Christina. Ce n'était pas une grosse addition. Après tout, nous n'avons pris que des sandwichs et des cafés.

— Comment as-tu pu faire une chose pareille ? Si tu n'avais pas assez d'argent, il fallait le dire, j'aurais payé !

— C'est bien fait pour eux ! Ce restaurant appartient à une grosse chaîne qui exploite les pauvres dans les pays sous-développés ! On a fait une bonne action en ne payant pas.

Je levai les yeux au ciel.

— Si c'est cela, pourquoi être venues manger là ? Et le serveur, alors ? C'est lui qui va devoir payer à notre place. Christina, vraiment, je ne te comprends pas ! C'est du vol !

— J'ai mon propre code de conduite !

— Ce n'est pas une excuse !

Christina baissa les yeux.

— Mary-Kate, c'est la première fois que je fais ça, je te jure. Je voulais juste savoir ce que ça faisait.

Je soupirai. Je commençais à me poser des questions. Comment être amie avec une fille capable de partir d'un restaurant sans payer ?

— Écoute, Christina. Je t'aime beaucoup, mais... on ne se verra plus si tu te comportes ainsi.

Christina s'installa près de moi.

— Tu as raison, c'était stupide. Tu sais... En ce moment, tout va de travers. Je ne me sens bien que quand je fais des choses vraiment excitantes, tu comprends ?

— On peut faire des tas de choses excitantes sans être dans l'illégalité.

— Tu ne peux pas comprendre, reprit-elle. Mes parents se séparent, c'est pour ça que Maman est venue s'installer à Los Angeles.

L'espace d'un instant, je restai sans voix. Alors, tout venait de là ! Les parents de Christina divorçaient ! Pourquoi Jake ne m'avait-il pas prévenue ?

— C'est terrible en ce moment, continua-t-elle. Maman est tellement mal qu'elle n'arrive même plus à se lever le matin. Elle m'a envoyée chez Jake pour ne plus m'avoir dans les pattes ! Quant à mon père, il a une nouvelle petite copine qui ne m'apprécie pas du tout.

Christina s'interrompit un instant en essayant de retenir ses larmes.

— Je n'ai aucun ami ici. Toi au moins, tu as de la chance, tu as ta sœur. Moi, je ne peux compter sur personne. Même pas sur mes parents !

J'étais bouleversée. C'est vrai, que deviendrais-je sans mes parents et ma sœur ?

— Tu as été si gentille avec moi, poursuivit Christina. Depuis que je t'ai rencontrée, j'ai enfin l'impression de pouvoir m'appuyer sur quelqu'un.

Elle attrapa une serviette en papier sur le comptoir et sécha ses larmes. Je me mordis les lèvres. Christina était à bout. Toutes ses excentricités étaient un appel au secours !

Je me levai et jetai mon pot de yaourt dans la poubelle.

— Viens, on retourne au restaurant et on paie l'addition !

En marchant vers le restaurant, je réfléchis à tout ce que Christina venait de me dire. C'est vrai qu'elle se comportait mal, mais elle traversait une mauvaise passe.

Nous rentrâmes dans le restaurant. Je savais exactement ce que j'avais à faire. Aider Christina. C'était ça, l'amitié.

Ashley

— C'est bizarre, lança Mary-Kate en fouillant dans son porte-monnaie. Je crois que j'ai perdu un billet de dix dollars !

Cet après-midi-là, Mary-Kate, Christina et moi retournions à l'hôtel après avoir tourné nos dernières scènes à Las Vegas. Mary-Kate tenait absolument à s'arrêter dans une boutique où elle avait repéré un T-shirt.

— J'avais un billet de vingt dollars et un de dix, reprit-elle, et je n'ai plus que le billet de vingt !

— Tu es vraiment sûre ? demandai-je en fouillant dans son porte-monnaie.

— Oui ! Zut, j'ai dû le perdre quelque part !

— Oh mince ! J'allais oublier, intervint Christina. Ce matin, j'ai pris dix dollars dans ton porte-monnaie.

Je regardai Christina avec de grands yeux. Comment pouvait-elle se permettre de prendre de l'argent à Mary-Kate sans lui en parler ?

— Je n'ai pas eu le temps d'aller au distributeur, poursuivit Christina. Je comptais retirer de l'argent ce soir et te rembourser. Désolée, j'aurais dû t'en parler.

— Pas de souci, répondit Mary-Kate. Tu me les redonneras quand tu pourras.

Je soupirai. Comment Mary-Kate pouvait-elle accepter ça ?

Nous rentrâmes dans la boutique et Christina se mit à essayer des chapeaux. Je pris Mary-Kate à part.

— Tu ne vas quand même pas la laisser s'en tirer comme ça !

— Ne t'inquiète pas, elle va me rembourser !

— Mais ça ne te gêne pas, toi, qu'elle se serve dans ton porte-monnaie sans rien te demander ? Si tu n'avais pas cherché ces dix dollars, je suis sûre qu'elle n'aurait rien dit.

Mary-Kate me fixa.

— Écoute, Ashley, je t'assure qu'il n'y a aucun problème avec Christina. Elle traverse un mauvais moment, c'est tout. Tu ne peux pas comprendre...

« Je comprends très bien ! pensai-je. Et tout ça ne me plaît pas du tout ! »

Je me regardai encore une fois dans le miroir de ma chambre. Le costume blanc d'Elvis scintillait de mille feux. Tout allait bien se passer. Cette fois, Noah comprendrait ce que je ressentais pour lui. Mais mes sentiments seraient-ils partagés ?

J'avais envoyé Rachel et Delia faire un tour dans le hall. Si cela tournait mal, je ne tenais pas à ce qu'elles le voient.

Je sortis dans le couloir. Personne, c'était parfait ! J'avançai. Noah devait être dans sa chambre : je l'avais vu y rentrer après le dîner. Je pris une grande inspiration et frappai. La porte s'ouvrit et Noah et Kip apparurent.

« Vas-y, fais-le ! » me dis-je.

— Noah Atkins ! lançai-je en essayant de prendre la voix d'Elvis. Tu as un message d'Elvis !

Et j'attaquai *Love Me Tender*.

Noah m'écouta en souriant. C'était bon signe. Mais bientôt, la porte de l'ascenseur s'ouvrit. Rachel et Delia en sortirent. Elles tentèrent de se cacher mais je les avais repérées. Je leur jetai un regard noir. Quelles vipères !

Elles n'avaient pas pu résister à la tentation de m'espionner !

Noah souriait toujours.

Soudain une voix s'éleva. Une autre voix qui chantait la même chanson ! Je me retournai et sursautai. Un autre Elvis se dirigeait droit sur moi !

Tout en chantant, j'observai mon double. Il était grand et mince avec des cheveux bruns en bataille, les pans de sa chemise sortaient de son pantalon... C'était Buddy !

Il se précipita vers moi et tomba à genoux. Noah et Kip s'avancèrent alors dans le couloir. En découvrant Buddy à genoux, Noah explosa de rire !

— C'est dingue ! s'écria Kip. L'hôtel est envahi par les clones d'Elvis !

Je pris conscience du ridicule de la situation. Elvis déclarait sa flamme à genoux devant son jumeau. J'étais morte de honte. Je bousculai Buddy et fonçai dans ma chambre. Là, je m'effondrai sur mon lit.

Quelqu'un frappa à la porte.

— Ashley ! Ouvre, c'est moi, Buddy !

Il n'était pas question que je lui ouvre. J'entendais encore les autres rire dans le couloir.

— Va-t'en, Buddy ! Laisse-moi tranquille !

10

Mary-Kate

— Mais qu'est-ce qui se passe, ici ? demandai-je.

En sortant de l'ascenseur avec Christina, j'aperçus une foule de gens qui riaient dans le couloir. Une petite blonde s'écria :

— C'est Ashley ! Elle vient de claquer la porte au nez de Buddy !

— Mary-Kate, affirma Kip, tu viens de rater un grand moment ! Il y avait deux Elvis dans le couloir et ils chantaient tous les deux la même chanson ! C'était d'enfer !

Je regardai Noah. Il riait encore plus fort que les autres.

« Oh non ! pensai-je. Deux Elvis ? C'est quoi, cette histoire ? »

Je me précipitai vers Buddy qui attendait à la porte d'Ashley.

— Viens, Buddy ! Tu sais, si elle fait la tête, elle va mettre des heures avant de se calmer.

Je l'entraînai dans ma chambre.

— Qu'est-ce qui s'est passé ? s'enquit Christina.

Buddy s'effondra sur une chaise.

— Un truc vraiment bizarre ! J'ai l'impression qu'Ashley a eu la même idée que nous ! Elle était déguisée en Elvis et chantait *Love Me Tender*. Sauf que c'est pour Noah qu'elle chantait...

J'eus un petit rire nerveux. Pauvre Buddy... Ses beaux yeux sombres étaient plus tristes que jamais.

— Ashley m'a dit de la laisser tranquille, reprit-il. Notre plan est une catastrophe !

— Ne t'en fais pas, Buddy, murmurai-je, Ashley est juste énervée ! De toute façon, elle sera bien obligée de te revoir, nous avons encore une semaine de tournage devant nous.

— Elle devra me voir sur le plateau, c'est différent.

Je soupirai. C'était horrible de voir Buddy dans cet état. Comment Ashley avait-elle pu être aussi dure avec lui ? Ça ne lui ressemblait pas...

— En plus, Ashley se trompe complètement au sujet de Noah ! s'insurgea Christina.

— Demain nous partons tourner au village olympique, rappelai-je. Tu verras, tout ira mieux là-bas ! Fini Las Vegas, fini Elvis ! Ashley va se calmer !

Buddy hocha la tête. Je voyais bien qu'il avait du mal à me croire. Moi-même, j'avais de gros doutes...

La porte du jet privé s'ouvrit doucement. Taylor apparut aux côtés d'une jolie brune aux cheveux longs. « C'est sûrement Charly », pensa Kylie.

Taylor leur fit un signe de la main. Kylie, Jenn, Toast et Sam se précipitèrent sur la piste d'atterrissage et grimpèrent dans l'avion.

Kylie embrassa sa sœur puis examina l'intérieur luxueux du jet.

— Eh bien, on peut dire que pour un changement, c'est radical !

— Les amis, annonça Taylor, je vous présente Charly Simms.

Charly sourit.

— Je vous remercie de m'inviter à me joindre à vous.

— Tu plaisantes ! s'exclama Kylie. Tu es notre ange gardien, notre bienfaitrice !

— Grâce à toi, nous allons à la neige ! ajouta Sam.

Taylor mit ses mains sur les épaules de Charly.

— Oui, tu es notre ange des neiges !

— Alors, comme ça, ton père est l'empereur des oranges californiennes ? questionna Toast. Tu n'en aurais pas quelques-unes avec toi, par hasard ?

— Toi, je suis sûre que tu es Pain-Grillé ! fit Charly, morte de rire. Je sais tout sur toi...

— Pas Pain-Grillé, Toast !

Les réacteurs de l'avion se mirent à vrombir.

— Vous êtes priés de vous asseoir et de boucler vos ceintures, déclara Charly. Nous décollons !

— Direction : les JO ! lança Taylor.

— J'adore cet endroit ! s'enthousiasma Danny.

Taylor, Kylie et leurs amis se baladaient dans une rue enneigée du village olympique. Ils cherchaient le meilleur endroit pour suivre l'épreuve d'Alex Reisher à la télé. Taylor avait voulu acheter des billets pour assister à la compétition mais évidemment il n'y avait plus une seule place !

Danny glissa sur un trottoir verglacé.

— C'est super ! On peut même faire de la glisse dans les rues, ici ! Vas-y, Toast essaie !

Taylor regarda Toast et se rappela la conversation qu'elle avait surprise entre lui et Jenn.

— Tu veux que je fasse une glissade sur ce trottoir, c'est ça ? s'inquiéta Toast.

« Ne le fais pas, se dit Taylor. Tu vas encore passer pour un idiot et en plus tu risques de te faire mal. »

Toast allait s'élancer sur le verglas quand Jenn l'arrêta. Toast se tourna alors vers Danny.

— Non, Danny. Vas-y, toi !

— Moi ? Euh... Non... Seul le grand Toast peut faire ça !

— Pas question ! Je vais me casser la figure et passer pour un imbécile.

— Tu prends tout mal, Toast ! reprit Danny. Je n'ai pas dit ça pour te voir tomber, je te le jure !

— D'accord, alors fais-le, toi !

— Pas de problème, j'y vais.

Danny commença à courir dans la rue puis il se ravisa et essaya de freiner. Trop tard ! Il s'étala de tout son long sur le sol gelé.

Tout le monde éclata de rire, excepté Lyndi qui se rua vers lui.

— Ça va, Danny ? Tu ne t'es pas fait trop mal ?

Danny se releva sans un mot et revint vers les autres, rouge de honte et de colère.

— Bien vu ! fit Jenn à Toast.

Taylor approuva de la tête et sourit à Toast. Toast était en train de changer. Il devenait plus... respectable ? Non, ça n'était pas le mot qui convenait. Il était tout simplement plus sûr de lui.

— Et si on rentrait là, Taylor ? demanda Kylie

en s'arrêtant devant un café. Il y a deux écrans géants.

— C'est parfait !

La petite bande pénétra dans le café et s'installa à une table. Taylor avait les yeux rivés sur l'écran.

— C'est au tour d'Alex Reisher !

Au signal, Alex Reisher prit le départ.

— Allez, Alex ! Allez ! cria Taylor.

Tous les clients du café se mirent à encourager Alex Reisher.

— Il est dans les temps du record du monde ! hurla Taylor. Il va décrocher la médaille d'or !

Hélas, au dernier virage, Alex Reisher tomba dans la poudreuse. Alex se releva indemne mais ses chances de médaille s'étaient envolées.

Taylor essayait de dissimuler sa déception.

Charly prit Taylor par les épaules.

— C'est vraiment trop bête...

— Rien n'est perdu, murmura Taylor. Il peut toujours gagner en 2006 à Turin. Il n'a que vingt ans après tout.

— Quant à moi, décréta Sam en riant, j'ai dix-sept ans et je vais faire du snow-board !

— Super ! répliqua Toast. Je viens avec toi !

Sam regarda Kylie droit dans les yeux.

— Et vous, les filles ? Ça vous dit ?

— Nous allons faire du ski, répliqua Kylie.

— Est-ce que tu vas faire du snow aussi, Danny ? intervint Lyndi.

Danny fit oui de la tête.

— J'adore le snow ! s'exclama aussitôt Lyndi. Je viens avec vous !

— Tu es sûre ? maugréa Sam soupçonneux. Tu n'as pas peur de ruiner ton brushing ou de tomber dans une congère ?

— Moi ? Tu plaisantes, je suis une pro du snow !

Taylor sourit. Lyndi n'avait jamais posé un pied sur une planche !

— Finalement, je viens avec toi, Lyndi.

— Génial, Taylor ! s'écria Toast. Allons-y, j'ai hâte d'être sur les pistes !

Arrivés sur la piste, Sam et Toast dévalèrent la pente à toute allure. Lyndi, elle, restait pétrifiée.

— Allez, Lyndi, viens, on y va ! insista Taylor.

Lyndi s'effondra dans les bras de Taylor. Danny glissa jusqu'à elles.

— Tu sais, Lyndi, l'idée c'est juste de se laisser glisser.

— Je sais, je suis au courant..

Lyndi se dégagea des bras de Taylor. Elle respira à fond puis s'élança. Elle fit quelques mètres dans la poudreuse.

— J'y arrive !

À peine Lyndi avait-elle prononcé ces mots qu'elle s'écroula dans la neige.

— C'est la première fois que tu fais du snowboard, n'est-ce pas, Lyndi ? s'inquiéta Danny.

— Oui, c'est vrai, admit-elle. Je me disais que ça serait sympa d'essayer avec vous.

Taylor attendait la réaction de Danny. Jusqu'à maintenant, il avait toujours un peu méprisé Lyndi. Mais cette fois, il sourit et l'aida à se relever.

— Très bien, alors on essaie encore une fois !

Danny et Lyndi réussirent à parcourir une petite distance avant de chuter en riant comme des fous. Taylor s'éclipsa.

Kylie se lécha les lèvres pour récupérer les dernières miettes de marshmallow puis but une gorgée de chocolat chaud.

— Le chocolat chaud, c'est ce que je préfère dans le ski !

Elle était blottie près du feu de cheminée à l'hôtel. Sam rôdait autour d'elle. Elle soupira. Sam était plus collant qu'un sparadrap ! Taylor et Charly papotaient, Lyndi soignait Danny qui s'était fait mal au cou en tombant. Toast et Jenn buvaient du cidre chaud, assis tout près l'un de l'autre.

Jenn se leva.

— Je vais me coucher. Tu viens, Lyndi ?

— Je vais rester un peu pour soigner Danny.

Toast leva les yeux au ciel.

— Soigner Danny ! Je rêve...

Danny se leva d'un bond.

— Ça va aller, Lyndi, je vais te raccompagner jusqu'à ta chambre.

Et il la prit par la main.

Kylie se tourna vers sa sœur. Taylor prit un air entendu.

Le reste de la troupe monta se coucher.

— Kylie, ça te dirait, une dernière tasse de chocolat ? proposa Sam.

— Hmm, oui, avec plaisir !

Kylie sentit sur elle le regard de Taylor. Taylor se demandait sans doute pourquoi elle acceptait de rester seule avec ce pot de colle de Sam. Mais Kylie savait qu'elle devait mettre les choses au point et c'était le moment ou jamais.

Sam s'assit tout près de Kylie puis il se pencha vers elle et l'embrassa sur les lèvres.

— Sam ! Tu es fou ou quoi ?

— Pourquoi ?

— Je vais t'expliquer. Tu es persuadé que nous devons sortir ensemble. Mais t'es-tu seulement interrogé sur ce que je voulais, moi ?

— Ce n'est pas ce que tu veux ? s'étonna Sam.

Kylie se tut un instant.

— Non ! Ce n'est absolument pas ce que je

veux ! Tu vois, avant, c'était un peu flou dans mon esprit, mais maintenant, c'est très clair !

— Mais enfin, Kylie, reprit Sam, tu m'aimes bien, je le sais !

— Ce n'est pas parce que je t'aime bien que ça t'autorise à m'embrasser. Pour s'embrasser, il faut être deux à le vouloir et il se trouve que je ne veux pas !

Sur ces mots Kylie se leva et s'éloigna. En arrivant à la porte, elle se retourna. Sam était assis dans un fauteuil et fixait le sol. « Il a fini par comprendre », se dit Kylie.

Ashley

— Mary-Kate a été géniale ! me chuchota Rachel.

J'étais d'accord. Nous étions sur le plateau du village olympique et Mary-Kate et Noah venaient de tourner la fameuse scène du baiser. Rachel et moi avions tout observé depuis le début.

Je soupirai. Pourquoi ce n'était pas moi que Noah embrassait ? C'était tellement bizarre de voir le garçon qui me plaisait essayer d'embrasser ma propre sœur !

Rayonnante, Mary-Kate quitta le plateau.

— Alors, comment j'étais ?

— Très réaliste ! affirma Rachel.

Je souris.

— Absolument d'accord ! On ne peut pas imaginer une seconde que Noah et toi n'êtes que des amis dans la vie...

Mary-Kate eut un petit gloussement.

— J'aime beaucoup ton humour, Ashley... Quoi qu'il en soit, c'est vraiment bizarre d'embrasser un garçon pour un film.

— Mary-Kate ! appela Christina du fond de la salle des costumes. Je peux te voir une minute ? Amy et moi on voudrait que tu viennes essayer quelques trucs pour ta scène sur les pistes.

— Tu vas voir, les tenues de ski sont super ! dis-je à Mary-Kate.

Mary-Kate se précipita vers le showroom.

Rachel se tourna vers moi.

— Je vais me faire un petit Jacuzzi avant le dîner. Tu viens avec moi, Ashley ?

Je jetai un œil à Noah. Il termina sa discussion avec Don et se dirigea vers moi. Je n'avais pas envie de le voir. Depuis l'horrible épisode Elvis, la nuit dernière, je l'évitais soigneusement.

— Un Jacuzzi ? répondis-je. Bonne idée ! Allons-y tout de suite !

— Ashley, attends ! appela Noah.

Je m'arrêtai.

— Il vaut mieux que je te laisse, suggéra Rachel.

J'étais très mal à l'aise. Que voulait-il ? Se moquer de moi encore une fois ?

— Ashley, commença Noah, je voulais m'excuser pour hier soir. Tu chantes superbien et tu étais magnifique déguisée en Elvis.

— Mais tu étais mort de rire !

— Oui, je sais, mais ça n'était pas à cause de toi. Quand j'ai vu Buddy... deux Elvis en même temps, je n'ai pas pu me retenir !

Je pinçai les lèvres.

— Je vois...

— Ashley, attends ! Tu ne comprends pas. J'adore rire ! Et... je t'adore aussi. Tu veux bien dîner avec moi ce soir ? Rien que toi et moi, sans personne d'autre ?

Je souris. Noah me proposait enfin un rendez-vous...

— Avec plaisir !

J'étais aux anges. D'une certaine manière, le plan Elvis avait fonctionné !

11

Mary-Kate

— J'ai la trouille de lui parler, Mary-Kate, m'avoua Buddy. Je n'ose même plus la regarder !

Buddy et moi profitions des derniers rayons du soleil au pied de la piste Stein Eriksen.

— Il n'y a pas de raison, répliquai-je. C'est une fille bien, elle comprendra.

— À quoi bon ! Je ne l'intéresse pas ! Tout le monde sait qu'elle est dingue de Noah.

Je soupirai. Comment ma sœur pouvait-elle préférer cet idiot de Noah à un chic type comme Buddy ! Il fallait que Buddy insiste.

— Buddy, Ashley n'est pas une andouille. Je suis sûre qu'elle ne tardera pas à voir que Noah n'est pas ce qu'elle imagine.

— Tu crois vraiment ?

— J'en suis sûre ! Tu dois lui parler ! Dis-lui simplement que tu ne voulais pas la mettre mal à l'aise.

— O.K., décida Buddy. Je lui parlerai ce soir avant le dîner et, si tout se passe bien, on pourra peut-être aller manger ensemble.

— Excellente idée mais... affirmai-je en riant, Buddy, rappelle-toi... Si tu l'emmènes dîner, une seule bouchée à la fois !

— Ne t'inquiète pas, je saurai me tenir !

Ashley

— Ce n'est pas vrai ! dis-je en gémissant. Avec ce soleil, j'ai la peau toute sèche et je pèle !

J'étais en peignoir, les cheveux relevés dans une serviette. Rachel se pencha sur moi.

— Écoute, je ne vois rien, mais si tu as la peau qui tire, tu devrais mettre de la crème. Tiens, approche !

Et Rachel m'appliqua de la crème sur le visage.

— Tu laisses agir pendant un quart d'heure. Après, tu auras la peau toute fraîche et bien hydratée !

J'hésitai. Je n'avais pas vraiment le temps

pour un masque hydratant. Par contre, si ça m'aidait à me sentir mieux, je devais le faire.

— Merci, Rachel !

Quelqu'un frappa à la porte. Je pâlis.

— Oh non ! Ça ne peut pas être déjà Noah !

Je ne pouvais pas ouvrir la porte dans cet état. Je regardai par l'œilleton. C'était Buddy. Qu'est-ce qu'il voulait ?

— Ashley, tu es là ? C'est moi, Buddy. Ouvre, il faut que je te parle !

— Décidément, ce type choisit toujours mal son moment, murmura Rachel.

Je hochai la tête. C'est vrai que Buddy était pénible.

— Buddy, je n'ai pas le temps de te parler maintenant. Demain, si tu veux ?

— Ashley, tu ferais mieux de te préparer, remarqua Rachel. Noah sera là dans une minute.

Je me précipitai dans la salle de bain pour enlever le masque mais Buddy frappa à nouveau à la porte.

— Ashley ! Ouvre, s'il te plaît. Ça ne prendra qu'une minute !

— Rachel, je ne peux pas lui parler maintenant. Qu'est-ce que je vais faire ?

— Je m'en occupe !

Rachel se colla à la porte.

— Tu es bouché ou quoi, Buddy ! Elle n'a pas le temps ! Fiche-lui la paix !

Mary-Kate

— Je n'arrive pas à le croire, m'exclamai-je.

Buddy me racontait comment Ashley s'était débarrassée de lui. Elle n'y était pas allée de main morte !

Buddy se prit la tête dans les mains.

— Il faut voir les choses en face. Elle me déteste !

— C'est impossible ! m'écriai-je. Il doit y avoir un malentendu...

Christina déboula dans la chambre à ce moment précis.

— Salut, Buddy. Ça roule ?

— Pas vraiment...

Buddy se leva et se dirigea vers la porte.

— Je crois que je vais retourner dans ma chambre et me commander une pizza pour le dîner. Peut-être même deux ou même trois...

Et il referma la porte derrière lui.

— Qu'est-ce qui lui arrive ? demanda Christina. C'est à cause d'Ashley ?

— Oui, elle n'a pas été très sympa avec lui. Je ne comprends pas ce qui a pu se passer.

— Écoute ! J'ai un truc qui va te remonter le moral tout de suite ! Pendant que tu tournais cet après-midi, je suis allée faire du ski. J'ai rencontré un garçon adorable sur les pistes. Il s'appelle Rob. Lui et son copain Justin aimeraient bien qu'on se retrouve ce soir. Ça te dirait ?

— Oui, pourquoi pas...

— Génial, je téléphone à Rob et je lui confirme qu'on sera là vers neuf heures !

Ce soir-là, je dînai tôt et retournai dans ma chambre pour apprendre mon texte. Christina lisait tranquillement sur son lit. Soudain, elle se leva d'un bond et enfila sa tenue de ski.

— Qu'est-ce que tu fabriques ? m'étonnai-je. Je croyais qu'on sortait, ce soir ?

— Oui ! D'ailleurs, tu ferais mieux de te presser un peu, sinon on va être en retard.

Elle me tendit ma combinaison de ski.

— Et mets des sous-vêtements bien chauds. Il va faire froid !

— Mais qu'est-ce que tu racontes ? m'impatientai-je. Je croyais qu'on retrouvait tes copains !

Elle éclata de rire.

— Oui, on les retrouve à neuf heures au pied des pistes ! Je ne te l'avais pas dit ?

— Mais les pistes sont fermées, la nuit !

— C'est justement ça qui est génial ! affirma Christina. Nous aurons les pistes pour nous tout seuls. Rob et Justin vont nous emmener en haut des pistes avec leurs scooters des neiges et nous skierons sous les étoiles... Ça va être dément !

Je levai les yeux au ciel.

— Mais nous ne pouvons pas faire ça. C'est rigoureusement interdit !

— Interdit ! pouffa Christina. Allons, Mary-Kate, laisse-toi vivre un peu ! C'est une occasion unique. Je t'assure, tu te souviendras de cette soirée toute ta vie !

— Ce sera certainement grandiose, mais je n'ai pas envie de faire ça.

Christina se dirigea vers la porte.

— Bon, écoute, il faut y aller. Rob et Justin nous attendent !

— O.K., allons-y, soupirai-je. Mais je te préviens, j'y vais juste pour leur éviter d'attendre toute la nuit. Il n'est pas question que je fasse du ski !

Je m'habillai rapidement et nous nous rendîmes au pied des pistes. Je pouvais discerner deux garçons avec des scooters des neiges.

— Super, vous êtes venues ! s'exclama un des garçons.

Il était plutôt grand et devait avoir dix-huit ou dix-neuf ans. Des mèches brunes toutes raides dépassaient de sa caquette.

— Christina, continua-t-il, je te présente Justin.

— Salut ! lança l'autre garçon.

— Les garçons, répondit Christina, voici ma copine Mary-Kate.

— Bonsoir, Mary-Kate ! fit Rob avec un magnifique sourire. Bon, on y va, les filles ? Les skis sont prêts, les scooters aussi.

Et il enfourcha son scooter. Sans hésiter, Christina s'installa derrière lui.

Justin me fit signe mais je ne bougeai pas.

— Mary-Kate ! me pressa Christina. Tu viens ou quoi ?

— Dépêchez-vous, cria Rob en démarrant. On pourrait nous voir !

Je réfléchissais. Je ne pouvais pas laisser Christina partir toute seule. Si quelque chose lui arrivait, Jake ne me le pardonnerait jamais. Il fallait que j'y aille !

Je m'avançai à regret. Justin m'aida à m'asseoir sur le scooter puis démarra. Tout en glissant vers les sommets enneigés, je soupirai. Comment avais-je pu me fourrer dans une histoire pareille ?

12

Ashley

— J'avais six ans quand j'ai décidé de faire du cinéma, me confia Noah. Avant, je voulais être pompier !

— C'est vrai ? m'étonnai-je.

Nous dînions en tête à tête et tout se passait merveilleusement bien ! Nous dégustions une fondue dans un petit restaurant de style savoyard.

— Je te jure que c'est vrai ! confirma Noah en plongeant un petit morceau de pain dans la fondue. Ma mère disait toujours que j'étais un cabotin.

— Je suis sûre que tu étais adorable !

— Tu devrais voir des photos de moi quand j'étais gosse...

J'éclatai de rire.

— Tu sais, mon père trimballe des photos de Mary-Kate et moi bébés dans son portefeuille. Il passe son temps à les montrer aux gens, c'est supergênant !

— Hmm, oui, j'imagine, répondit Noah, la bouche pleine. Alors qu'en penses-tu ? Tu m'as vu jouer. Est-ce que tu crois que je vais devenir une star ?

J'hésitai un instant. Noah était plutôt séduisant et était très bon dans le film que nous tournions, mais ce n'était pas surprenant : Sam et lui se ressemblaient beaucoup !

— Je ne lis pas l'avenir, tu sais ! Tout est possible...

— Je suis certain que tu peux prédire l'avenir ! Allez, fais un effort !

Je lui pris la main et je l'examinai en riant.

— Je vois de grandes choses pour toi... Je vois... la célébrité !

— La célébrité ! Génial !

Noah me prit la main et y posa ses lèvres.

— Je souhaite que tes prédictions se réalisent...

Je sentis un étrange picotement à l'endroit précis où il m'avait embrassée.

Je souris. Nous allions pouvoir parler un peu de nous maintenant...

— J'ai vraiment hâte de rentrer à Los Angeles, reprit Noah. J'ai deux castings à passer en arrivant !

— On se verra peut-être, à Los Angeles ?

— Oui, lança-t-il. Ce serait génial si on avait le même agent !

Je me concentrai sur mon assiette pendant un moment. Décidément, Noah était prétentieux et arrogant. Il était obsédé par sa carrière, rien ni personne ne pouvait l'en distraire.

Je levai la tête vers lui. Ses cheveux blonds brillaient dans la lumière. Et j'étais fascinée par le bleu de ses yeux.

— Cette fondue est bonne, tu ne trouves pas ? demandai-je.

— Délicieuse !

Et il me décocha un sourire de rêve.

Je souris. Il était sûrement un peu prétentieux, mais en même temps tellement adorable !

Mary-Kate

— Waouh ! m'exclamai-je une fois arrivée en haut de la piste.

La pleine lune éclairait la neige immaculée. C'était magnifique !

— Alors, ce n'est pas génial ? lâcha Christina. Tu vois que tu as bien fait de venir !

— Allez, les filles ! Laissons nos traces dans cette neige sublime ! s'enthousiasma Rob.

Je chaussai mes skis. Maintenant que j'étais là, autant que j'en profite !

Rob, Christina et moi commencâmes à descendre la piste tandis que Justin conduisait le scooter pour nous récupérer en bas.

— Waouh ! cria Rob en s'arrêtant. Rien que la neige, la lune et nous !

— C'était magnifique, admis-je. Maintenant qu'on l'a fait, rentrons à l'hôtel.

— Pas question, rétorqua Justin. C'est à mon tour, de skier, maintenant !

Rob et Christina grimpèrent sur le scooter de Justin.

— Allez, Mary-Kate ! ordonna Christina. On y retourne !

Je fis non de la tête.

— Mais tu es obligée de venir avec nous, insista Rob. Tu n'as pas d'autre moyen pour retourner à l'hôtel.

Je soupirai et m'assis derrière eux.

Alors que nous dévalions la piste, Christina hurla.

— C'est trop top !

En approchant du bas, j'aperçus des lumières rouges qui clignotaient. Quand le scooter s'arrêta, deux hommes arrivèrent. Je sursautai. C'étaient deux agents de sécurité !

— Enlevez vos skis et venez avec nous ! cria l'un d'eux. Vous êtes en état d'arrestation.

13

Mary-Kate

Don Maneri tournait comme un fauve dans le local de la police des pistes.

— Je ne peux pas croire que vous ayez fait un truc aussi dangereux ! répétait-il.

Je baissai la tête.

— Tu as raison, c'était vraiment stupide ! Nous sommes désolées, Don.

— Et d'abord, qui étaient ces garçons avec lesquels vous étiez ? Je suis sûr que vous ne les connaissez même pas !

— J'ai rencontré Rob sur les pistes cet après-midi, admit Christina. Il avait l'air sympa.

Don leva les yeux au ciel.

— Sympa, vraiment ? La police m'a dit qu'il est moniteur ici mais qu'il vient juste de se faire renvoyer pour comportement dangereux. Il a emprunté ces scooters des neiges à la station. Moi, j'appelle ça du vol !

Je fermai les yeux. C'était de pire en pire !

Le capitaine de la patrouille de surveillance des pistes rentra dans la pièce.

— Justin Berg ? appela-t-il.

Justin, qui était assis de l'autre côté de la pièce avec sa mère, se leva d'un bond.

— Tu peux y aller, annonça le capitaine. Mary-Kate et Christina... vous pouvez partir aussi. M. Maneri vous raccompagne à l'hôtel.

Don serra la main du capitaine.

— Merci !

Nous retournâmes à l'hôtel en silence. J'étais très mal à l'aise : je savais que j'avais beaucoup déçu Don. « Jamais plus je ne me laisserai embarquer dans des histoires aussi stupides, me promis-je. La prochaine fois que Christina essaiera de m'embobiner, je ne me laisserai pas avoir. »

Don nous conduisit devant la porte de notre chambre.

— Tâchez de vous reposer, les filles. On se voit demain matin.

— Merci, Don, murmurai-je.

J'ouvris la porte de la chambre.

— C'est dingue ! Il ne nous a même pas punies ! s'étonna Christina.

— Il doit penser que s'être fait arrêter par la police est une punition suffisante. En ce qui me concerne, c'est vrai !

— Mary-Kate, fit une voix.

Je me retournai. Ashley était assise sur mon lit. Elle avait l'air très triste.

— Tu vas bien ? demanda-t-elle.

— Oui, ça va. Nous n'avons rien.

— Comment as-tu pu faire un truc aussi stupide ? s'exclama-t-elle.

— Je crois que je vais descendre boire quelque chose, souffla Christina.

Et elle s'éclipsa.

— La police vous a fait des problèmes ? interrogea Ashley.

— Non, ils nous ont laissées partir.

— Vous avez eu de la chance... De toute façon, tout ça est la faute de Christina. Tu n'es plus la même depuis qu'elle est là.

— Tu peux parler ! m'emportai-je. Tu as vu comment tu te comportes depuis que tu as rencontré Noah ! Tu as été d'une telle méchanceté avec Buddy, c'est incroyable !

Ashley rougit vivement.

— Qu'est-ce que tu racontes ? Je ne sais pas ce que Buddy t'a raconté, mais je ne lui ai rien fait du tout !

— Il a voulu te parler. Tu n'as même pas daigné lui ouvrir !

— Mais j'avais de la crème plein la figure ! J'étais en retard pour mon rendez-vous avec Noah et...

Je haussai les épaules.

— Noah, Noah, et encore Noah ! Enfin, Ashley, tu n'as plus que lui en tête ! Est-ce que tu vas finir par redescendre sur terre ? Ce type n'a vraiment rien d'extraordinaire ! Il est peut-être mignon, mais il est égocentrique et prétentieux !

— Et toi ! riposta Ashley. Quand vas-tu finir par voir Christina telle qu'elle est réellement ?

— Tu ne sais rien de Christina. Tu n'as pas passé cinq minutes avec elle depuis qu'elle est là ! C'est vrai qu'elle est un peu spéciale, elle a des problèmes et tout ça, mais c'est mon amie !

Ashley leva les yeux au ciel.

— Une vraie amie ne t'entraîne pas dans des embrouilles tout le temps !

— Ne me dis pas qui je dois avoir comme amis !

— Et toi, ne me dis pas quel garçon je dois aimer ! Primo, je n'ai pas voulu faire de mal à Buddy, et, secundo, Noah est le garçon qu'il me faut !

Nous échangeâmes un regard féroce.

Ashley s'approcha de la porte.

— Je vais boire un chocolat, ça va me calmer.

— Moi aussi, affirmai-je. Je descends au salon !

— Non ! C'est moi qui descends au salon !

Nous sortîmes ensemble de la chambre.

— Tu ne m'empêcheras pas d'y aller, annonçai-je.

Nous commençâmes à courir dans le couloir de l'hôtel. Finalement j'arrivai au salon la première, et là, j'eus un choc. Au fond du salon, près de la cheminée, un garçon et une fille étaient blottis l'un contre l'autre et s'embrassaient. C'étaient Noah et Christina !

Ashley arriva derrière moi et resta pétrifiée.

14

Ashley

Je n'arrivais pas à y croire. Ça ne pouvait pas être eux ! Je venais de dîner avec Noah. Il m'avait embrassé la main et m'avait encore embrassé pour me souhaiter une bonne nuit...

Je fis demi-tour et me mis à courir.

— Ashley, attends ! cria Mary-Kate.

Je m'effondrai sur mon lit. Mary-Kate s'assit près de moi et me tapota le dos.

— Excuse-moi, Ashley. Tu avais raison à propos de Christina. Je me suis trompée...

J'aurais voulu pleurer mais aucune larme ne venait. Je me redressai et pris ma sœur dans mes bras.

— Oui, mais tu ne t'es pas trompée sur Noah !

— Alors nous sommes à égalité ! Ça va aller ?

Je souris.

— Oui, ça va aller. Ça a été dur sur le coup mais... je me suis rappelée quelque chose. Ce soir, pendant le dîner, je me suis aperçue que Noah m'ennuyait. En fait, je ne suis pas aussi amoureuse que je le croyais.

— Si tu savais comme ça me fait plaisir ! s'exclama Mary-Kate. Je suis désolée que l'on se soit disputées comme ça. Je sais que tu ne voulais que mon bien.

— Et toi le mien ! C'est à ça que ça sert, une sœur, non ?

Plus tard dans la soirée, je restai allongée sur mon lit dans l'obscurité. Enfin la porte grinça et Christina entra dans la chambre sur la pointe des pieds. J'allumai la lumière.

— Tu es réveillée ? fit-elle. Je croyais que tu dormais.

— Je me demande comment tu as pu faire une chose pareille !

— Quelle chose ?

— Tu sais très bien qu'Ashley est dingue de Noah ! martelai-je. Elle vient de dîner en tête à tête avec lui !

Christina s'assit sur son lit.

— Mais de quoi parles-tu, à la fin ?

— Je t'en prie, Christina, arrête ! Nous t'avons vue avec Noah dans le salon.

— Et après ? Je suis libre, non ? Je n'ai pas de comptes à te rendre ! Et puis Ashley ne sort pas avec Noah, que je sache ! De toute façon, je fais ce que je veux, et si quelqu'un doit en souffrir, ce n'est pas mon problème !

— Mais comment tu peux être aussi égoïste ? hurlai-je. Je ne comprends pas comment j'ai pu être ton amie !

Christina attrapa sa valise et la remplit.

— Je vais trouver un autre endroit pour dormir et, demain, je prendrai un vol pour Los Angeles.

Elle quitta la pièce en claquant la porte. Je me rallongeai sur mon lit en soupirant. Une amie comme ça, je pouvais m'en passer !

Épilogue

— Ça te dérange si je fais un bout de chemin avec toi ?

Taylor faisait la queue au télésiège. C'était bientôt son tour et elle était seule. Elle regarda le garçon élancé qui s'était approché d'elle. Avec son bonnet et ses lunettes, difficile de voir s'il était mignon !

— Ça ne me dérange pas du tout !

Ils avancèrent dans la file d'attente côte à côte et, quand ce fut leur tour, ils montèrent ensemble en haut de la piste.

— Tu es ici depuis longtemps ? s'informa le garçon.

— Quatre jours, répondit-elle. Et toi ?

— Quelques semaines.

— Quelle chance ! s'exclama Taylor.

— C'est vrai, mais finalement ça ne s'est pas passé aussi bien que je l'espérais.

Taylor se mit à rire en repensant à son voyage.

— Et, au final, reprit le garçon, ça a bien failli tourner à la catastrophe.

— Exactement comme moi ! Mais c'était une bonne expérience en fait et c'est ce qui compte.

Elle tendit sa main au garçon.

— Je m'appelle Taylor.

— Moi, c'est Alexander.

L'ascension dura encore quelques minutes. Taylor admirait les sapins couverts de neige.

— Tu sais comment j'appelle ça ? dit son compagnon en désignant le paysage. C'est le paradis blanc !

— Le paradis blanc. C'est bien vu !

Le télésiège arriva au sommet et ils descendirent.

— Tu veux que l'on skie ensemble ? proposa Alexander.

— Si tu veux, mais à tes risques et périls ! Je suis une excellente skieuse !

— Hmm, je vois, j'ai affaire à une pro ! Je vais tâcher d'être à la hauteur.

Ils s'élancèrent. Taylor se débrouillait très bien, mais Alexander était génial.

Quand ils arrivèrent en bas, Kylie, Jenn et Charly s'apprêtaient à déjeuner.

— Hé, Taylor ! Tu déjeunes avec nous ? questionna Kylie.

— Ton copain est le bienvenu, ajouta Jenn.

— Merci, mais il faut que j'aille m'entraîner, répondit Alexander.

— T'entraîner ! s'écria Taylor. Mais pour quoi faire ? Tu es le meilleur skieur que j'aie jamais vu !

— Pas tout à fait encore ! On se reverra peut-être, Taylor ?

— Je l'espère bien !

— Bon appétit alors et à bientôt !

Alexander skia jusqu'au télésiège.

— Ce type est adorable ! commenta Jenn.

— Comment peux-tu dire ça ? On n'a même pas vu sa tête !

C'étaient vraiment des vacances super, soupira Kylie. Et puis je suis si contente qu'on ait retrouvé notre bébé !

Elle appuya sur l'accélérateur et la Mustang décapotable s'élança sur l'autoroute.

Assise à côté d'elle, Taylor était aux anges et se laissait griser par le vent et la vitesse. Quel plaisir d'être à nouveau sur la route à bord de leur cadeau d'anniversaire !

— Tu as retrouvé ton bébé, ton bébé adoré ! chantonna Toast assis à l'arrière.

— Joshua ! Tu es si mignon ! s'exclama Jenn tout attendrie.

Kylie regarda en souriant dans le rétroviseur. Toast et Jenn étaient en train de s'embrasser. Charly prit un air dégoûté.

Finalement tout était pour le mieux dans le meilleur des mondes. Lui et Jenn formaient un très joli couple.

— Comment cela, vous avez retrouvé votre voiture ? Vous l'aviez perdue ? demanda Charly.

— Un voleur l'a repérée un jour dans un restaurant au bord de la route. Il en est tombé amoureux et il a décidé de l'emprunter !

— Un emprunt qui a quand même duré vingt-sept jours ! précisa Taylor. Mais l'essentiel, c'est qu'on l'ait récupérée.

Elle secoua légèrement l'épaule de sa sœur.

— Quand est-ce que tu me laisses conduire, au fait ?

— Bientôt ! promit Kylie.

— C'est drôle, je connais cette réponse...

Kylie se tourna vers Charly.

— Est-ce que tu es contente de rentrer au lycée, Charly ?

Le père de Charly avait autorisé sa fille à s'inscrire dans la même école que les jumelles à la rentrée.

— J'ai hâte, oui, mais j'ai un peu peur aussi !

— Ne t'inquiète pas, nous serons là !

— Et nous aussi, ajouta Toast en serrant Jenn.

À l'arrière de la voiture le vent faisait voleter les pages d'un journal.

— Vous tenez à garder ce journal ? lâcha Toast. Parce qu'il est sur le point de s'envoler.

Il jeta un œil à la page des sports.

— Tiens, Taylor, il y a un article sur Alex Reisher. Ton chouchou... Il y a même une photo de lui sur les pistes.

— Mais dis-moi, je connais cette combinaison ! s'étonna Jenn. Non ! Taylor, tu ne devineras jamais qui est à côté d'Alex Reisher sur la photo !

— Qui ?

Jenn tendit le journal à Taylor qui poussa un grand cri.

— Mais c'est moi ! Le charmant garçon avec qui j'ai skié l'autre jour était Alex Reisher !

Taylor serra le journal sur son cœur.

— C'étaient les plus belles vacances de ma vie...

— Absolument ! approuva Kylie.

Et la Mustang fila dans le soleil couchant.

Cet ouvrage a été composé par
PCA - 44400 REZE

Impression réalisée sur Presse Offset par

BRODARD & TAUPIN

GROUPE CPI

La Flèche (Sarthe), le 19-05-2005
N° d'impression : 29122

Dépôt légal : janvier 2005
Suite du premier tirage : juin 2005

Imprimé en France

POCKET jeunesse

12, avenue d'Italie • 75627 PARIS Cedex 13

Tél. : 01.44.16.05.00